U0095102

李白传

李长之 著

The Biography *Of*
Li Bai

浙江文艺出版社
Zhejiang Literature & Art Publishing House

图书在版编目(CIP)数据

李白传 / 李长之著. —杭州：浙江文艺出版社，2023.6

ISBN 978-7-5339-7236-3

Ⅰ.①李… Ⅱ.①李… Ⅲ.①李白(701—762)-传记 Ⅳ.①K825.6

中国国家版本馆CIP数据核字(2023)第081003号

责任编辑 张恩惠
责任校对 朱 立
责任印制 张丽敏
装帧设计 徐然然
营销编辑 李 博
数字编辑 姜梦冉 诸婧琦

李白传

李长之 著

出版 浙江文艺出版社
地址 杭州市体育场路347号
邮编 310006
电话 0571-85176953(总编办)
0571-85152727(市场部)
制版 浙江新华图文制作有限公司
印刷 浙江省邮电印刷股份有限公司
开本 880毫米×1230毫米 1/32
字数 208千字
印张 10.875
插页 5
版次 2023年6月第1版
印次 2023年6月第1次印刷
书号 ISBN 978-7-5339-7236-3
定价 88.00元

代　序

* 花开两朵，实表一枝 *

——读新出版的《李白传》

《李白传》是著名文学史家李长之先生撰写的《道教徒的诗人李白及其痛苦》和《李白》两书的合集。合为《李白传》，是不少出版社为了编辑李白传记的需要提议的。开初我们有点犹豫，认为这不太符合长之先生的初衷，而且《道教徒的诗人李白及其痛苦》是专门论著，而《李白》有点通俗读物的味道，把两书合为一本著作也不太合乎体例。不过，斟酌再三，还是同意了。

《道教徒的诗人李白及其痛苦》是长之先生在1937年著述的。当时他刚从清华大学哲学系毕业，他的师长张荫麟先生受国民政府教育部委托（一说受托于国防设计委员会），主编高中及小学历史教科书，这后来成就了他的代表作《中国史纲》一书。张荫麟先生编撰该书的步骤是先拟定纲目，然后由他组织专家共同编写。汉以前，他亲自执笔；唐以后，由吴晗先生负责；鸦片战争后的社会变化，由千家驹先生负责；而王芸生先生则负责编写中日战争部分。但这一计划最后并未完全实现，至1940年2月，张荫麟先生只完成了他自己执笔的东汉以前的部分。写作过程中，张荫麟先生曾经征询长之先生的意见，希望长之先生能撰写杜甫的一章。而此时长之先生正沉浸于浪漫主义的情调中，便对张荫麟先生说，为什么不写李白呢？张荫麟先生表示：李白是浪漫派，在中国文化和诗歌史上并非主流，不能单独立章。长之先生生性倔强，写作也浪漫而自由，他拒绝了写杜甫，偏偏要写李白。1937年春夏之际，长之先生写成了充满着青年气息和浪漫精神的《李白》，这书在1939年修改，1940年在香港商务印书馆出版时书名改为《道教徒的诗人李白及其痛苦》。1943年重庆商务印书馆再版。后来，中国大陆、台湾、香港地区及日本都有再版本。

《道教徒的诗人李白及其痛苦》是长之先生以德国古典文艺美学为利器对于李白的分析，其中不乏尼采超人哲学的影响，所以尤重李白精神人格的分析，比如：他说“李白的价值是在给人以解放，这是因为他所爱、所憎、所求、所弃、所喜、所愁，皆趋于极端故”，“他要求得太强烈了，幻灭、失败得也太厉害了，于是各方面都像黄河的泛滥似的，冲决了堤岸，超越了常轨”。再版本更引了尼采的《大树之语》，把李白的浪漫精神与尼采的超人精神作了联系：“越乎人与兽之上，我生长；我要说——可是没人说给我。我长，我长得寂寞了，我长这么高——我等待——可是我什么也等待不着。是这么近了，我离云端——我静候着那第一次的雷，闪！”由于长之先生在创作的时候，本是“要合并起来写的关于中国五个大诗人（屈原、陶潜、李白、杜甫、李商隐）的一部大书的一部分”[①]，故《道教徒的诗人李白及其痛苦》在评论李白的时候，处处以这五个大诗人交相映照。抛开《道教徒的诗人李白及其痛苦》在理论上第一次系统地采用德国文艺美学的观念，在观点上又多有发明，抛开文笔上浪漫热情并富于诗意不论，若以五个诗人的坐标赋彩界定李白的艺术特征，较之过去在传统上只是李杜相比较，可谓是李白评论史上最大的突破了。

《李白》是长之先生在1951年春节期间所写，是年11月由生活·读书·新知三联书店出版。这是长之先生在新中国成立后出版的第一部学术专著，也是他经历了抗战的洗礼，学术

① 李长之《〈道教徒的诗人李白及其痛苦〉自序》，《李长之文集》第六卷，河北教育出版社，2006年版，第3页。

和思想走向成熟的学术成果。有趣的是，它的创作初衷同《道教徒的诗人李白及其痛苦》一样，也缘于史学的动机，出版后被收入“中国历史小丛书”中，具有传记的性质。此期间的长之先生对于新生的中华人民共和国充满了热望和理想，其时他参加华北人民革命大学政治研究院学习，到四川参加土地改革，同时努力学习马克思列宁主义哲学和文艺理论，在学术研究上满怀憧憬，是年除去撰写了《李白》外，他还著有童话《龙伯国》《大理石的小菩萨》。《李白》可以说是他运用马克思主义文艺理论评论中国古典文学的第一次尝试，同时也是在生活安定、心情愉快的情况下创作的。

较之《道教徒的诗人李白及其痛苦》，《李白》显而易见是从一个更为开阔的视野去勾画李白的画像的：其中也谈李白的道教立场，却着重讲了“学道和从政的矛盾”；也涉及李白的从政经历，却更多地讲了“李白对盛唐的政治之认识”，“天宝之乱和永王璘的一幕——李白的爱国思想”；其中在谈李白的诗与谢朓的关系时，却把重心放在了“和民歌的关系，和魏晋六朝诗的关系，文学史上的地位”。从某种意义上，与其说《李白》是《道教徒的诗人李白及其痛苦》的补充，不如说它扬弃了过去更多从个人性情的立场谈李白，而是试图从政治、国家、人民的立场谈李白，表现了一种马克思主义历史唯物主义的态度。《李白》虽然只是一个小册子，但在20世纪50年代却也为马克思主义文艺理论在李白的研究乃至在古典文学界的应用提供了范例。单纯从李白传记的立场来看，《李白》起到了与《道教徒的诗人李白及其痛苦》互为补充，相为表里，从不同的方面更准确丰富地勾画出李白面影的作用，作为姊妹篇，确实可以作为李白传记的整体的一部分来看待。

新中国成立之后，长之先生曾经多次表示要对他以前写的《鲁迅批判》《道教徒的诗人李白及其痛苦》《韩愈》《司马迁之人格与风格》等著作进行重写的愿望，也就是说希望用马克思主义文艺理论来重新撰写它们。由于各种各样的原因，长之先生的愿望，只在李白的传记上得到了实现。

有的评论者认为，新中国成立之后，长之先生抛弃了原有的文艺理论立场，采用马克思主义文艺理论研究是个人的屈辱、倒退、失节。我们不能同意这种简单的说法。

实际上，长之先生对于马克思主义始终持着一种学术的立场和态度。1936年他在评论吴惠人的《马克思的哲学》一书中就表示，“一般人对于马克思或奉若神圣，或贬若洪水猛兽”[1]，“现在在迷信马克思的人，总以为学问只有一条路了，眼看自由的研究精神要压下去了，这在中国是最不合算的，因为各方面的成就还浅，然而这种空气，也以中国为尤

① 李长之《马克思的哲学》，《李长之文集》第四卷，河北教育出版社，2006年版，第127页。

甚，所以不能不尊根求源而论之。希望大家去掉定于一尊的思想，尤其在学术上。道宽着责任大着，何必自限自拘？知道马克思的所短所长，则马克思对于我们的贡献，我们可以利用，否则，就光受害了，但是，这却怨不着马克思”[①]，“我认为马克思的哲学，其贡献是：第一，在于变的方面，第二，在于人群的事实的观察方面，第三，在于社会革命的推动方面，不过，也就尽于此了，他的限制也就在这里”[②]。马克思主义本来就与长之先生所服膺的德国古典哲学有着千丝万缕的联系，长之先生早年研习德国古典哲学时对于马克思主义就有着一定的研究，他对于吴惠人《马克思的哲学》一书的评论就说明了这一点。不可否认，长之先生在20世纪30年代的时候，对于所谓的左翼作家的文艺理论很反感，写过不少抨击的文章，但是，左翼作家的文艺理论并不就是马克思主义的文艺理论，斯大林时期的苏联文艺理论也不就等同于马克思主义的文艺理论，那是被扭曲被冒用的马克思主义。用他借用张东荪在吴惠人《马克思的哲学》一书序文上的话说就是“我只想揭穿这个迷幕，而并不是反对马克思”[③]。抗战后期，随着国内形势的变化和自身思想的转变，

① 李长之《马克思的哲学》，《李长之文集》第四卷，河北教育出版社，2006年版，第130页。

② 同上，第129页。

③ 同上，第130页。

长之先生对于马克思主义，包括对于当时苏联的文艺理论有了进一步的研究和学习。解放战争时期，长之先生对于马克思主义理论的学习和研究更是如饥似渴，据长之先生回忆，仅在1949年：2月，看了《新民主主义论》《中国革命与中国共产党》《延安文艺座谈会上的讲话》《大众哲学》《新哲学大纲》《哲学选辑》。3月，看了《唯物论基本问题》、《政治经济学》（薛暮桥）、《哲学简明词典》、《十九世纪后半哲学思潮》。4月，看了《中国共产党章程》及《修改党章的报告》《共产党员的修养》《社会发展简史》《整风文献》《批评与自我批评是苏维埃社会发展的规律》。5月，看了《群众哲学》、《罗森达尔唯物辩证法》、毛泽东《唯物辩证法讲稿》。6月，又重看了《新民主主义论》《中国革命与中国共产党》。[①]他在文学批评的实践方面也有了明确的转变，明显地将马克思主义“人群的事实的观察方面”和“社会革命的推动方面”的成就应用于批评课题，这可见之于他在此一时期发表的《陶渊明真能超出于时代么》《西晋诗人潘岳的生平及其创作》《西晋大诗人左思及其妹妹左芬》《鲁迅和我们》《孔子可谈而不可谈》《诗经中的政治讽刺诗》等论文。如果阅读其在这一时期创作的《司马迁之人格与风格》的话，显而易见较之他早期创作的《道教徒的诗人李白及其痛苦》，

① 参见李长之自传草稿。

无论在对于传主与社会的联系上，还是在对于传主与历史政治文化上的联系定位上，都有了极大的拓展——从而把传主的人格与风格描绘得更丰厚更全面更真实。这个拓展与李长之的学术和思想的成熟有着密切的关联，其中就包括长之先生对于德国古典哲学的反思[①]和对于马克思主义理论的进一步学习。长之先生在1951年为纪念李白诞生一千二百五十年为生活·读书·新知三联书店出版的《李白》写的《题记》中说："那本书[②]是有很多错误的。第一，它有着浓厚的唯心论的色彩，它不能多从现实基础上去解释李白的思想艺术所以形成的原因；第二，它片面地强调了李白的道教生活，而忽略了这种生活和其他生活例如政治活动等方面的联系；第三，对李白的政治面目，探求得还不够确切；第四，对李白的艺术成就，也说明得草率而不够深入。因为这样，我常想重写那本书。现在这本书，就是完全重新起草的。"[③]这是发自内心诚恳的话，是出于学术的立场。《道教徒的诗人李白及其痛苦》存有的缺陷是事实，《李白》对于这些缺陷有所

---

① 李长之《论德国学术与德国命运》，发表于1945年1月1日《时事新报》元旦增刊，收录于《梦雨集》时题目改为《论德国学者治学之得失与德国命运》。见《李长之文集》第三卷，河北教育出版社，2006年版。

② 指《道教徒的诗人李白及其痛苦》。

③ 李长之《李白》，生活·读书·新知三联书店，1951年版，第1—2页。河北教育出版社出版的《李长之文集》第六卷中的《李白——纪念李白诞生一千二百五十年》失收了此《题记》。

匡正也是事实。尽管《李白》这本小册子在我们今天看来，也存有这样那样的缺陷，有僵硬地套用政治术语的问题，但决不能说《李白》相对于《道教徒的诗人李白及其痛苦》是学术上的倒退，是屈辱的产物。

从某种意义上说，正是由于不同的研究方法、立场，多维的角度，存有这样多的不同的李白的研究学术著作，我们对于诗人李白才有了更加丰富更加深刻而准确的认识。

不过话说回来，以同一个学者，运用不同的批判武器（运用得又那么娴熟），对于同一个研究对象进行不同角度和方法的研究，毕竟在学术史上比较罕见，有点特殊，无论在中国古典文学研究史上还是在李白的学术研究史上都弥足珍贵。而且，如果就一个学者的自身学术史而言，《道教徒的诗人李白及其痛苦》和《李白》也提供了一个学者从青年到壮年，在风格、思想上演变的精彩范例。中国古代说唱艺术史上有“花开两朵，各表一枝”的话，我们对于长之先生的《道教徒的诗人李白及其痛苦》和《李白》对于诗人李白的描绘是不是也可以用“花开两朵，共表一枝”作结呢？

于天池　李　书[①]

① 于天池，北京师范大学中文系教授、博士生导师。李书，九三学社中央社史研究中心研究员。

○ 明　仇英　桃花源图（局部）

目录

上篇　李白

下篇　道教徒的诗人李白及其痛苦

【上篇】

李白

○ 清 王翚 松乔堂图（局部）

再版题记

在本书写作过程中，王子野、臧克家二同志都曾提出宝贵的意见，让这本书的错误减少了很多；再版时增入的太白故里的照片，是一块参加“土改”的徐书麟、张大为二同志供给的，在此一并谢谢！

再版时在字句上做了一部分必要的修改；关于李白的爱国思想一章，也做了一点补充。

1952年1月11日

清　王翚　松乔堂图（局部）

题　记

我在1937年春天，曾写有《李白》一书。这书在1939年修改，在1940年出版于香港商务印书馆，书的全名是《道教徒的诗人李白及其痛苦》。1943年，这书又有重庆商务印书馆的再版本。

香港版销行未广，就被日寇炮火所毁。重庆版却曾有西南的许多读者见到。我应该对原先的那本书先交代几句话。

那本书是有很多错误的。第一，它有着浓厚的唯心论的色彩，它不能多从现实基础上去解释李白的思想艺术所以形成的原因；第二，它片面地强调了李白的道教生活，而忽略了这种生活和其他生活例如政治活动等方面的联系；第三，对李白的政治面目，探求得还不够确切；第四，对李白的艺术成就，也说明得草率而不够深入。

因为这样，我常想重写那本书。现在这本书，就是完全重新起草的。但涉及某一方面的详细探讨，和这书同时，我另写了一些专文。都请读者指教!

为顾及读者的方便，本书在引用文字时有时加以解释，或者把文言译成白话，这对很习惯于读古书的人自然是不必要的；又为了说明材料的来源，以及取舍的理由，就又附上了一些注，这是为了取信，也是为了便于读者进一步的探讨。

1951年2月，春节中记

一　楔子

（一）中国人民热爱的诗人

李白是在中国历来的诗人中受到人民普遍热爱的一位。

李白的名字在我国人民中间是这样的通俗，提起他，很少有人不晓得。在戏里，有《太白醉酒》的戏；现在在乡间的酒店里还常见到“太白遗风”的招牌；在小说里，有最通行的小说《今古奇观》里的“李太白醉写吓蛮书”一段；在民间传说上，各地的儿童都知道李白逢见一个老太婆要把一根大铁杠磨成绣花针的故事——李白的用功，据说就是受了这事的感动。就作品论，凡是认得几个字的，都能背出李白的“床前看月光，疑是地上霜。举头望明月，低头思故乡”的诗；就名胜古迹论，各地也都争着传说有李白的足迹，这里也说他曾读过书，那里也说他曾歇过脚。李白在中国人民心目中是这样熟悉，印象是这样深刻，所以很多人仿佛一闭上眼睛，就可以想象出李白是什么模样儿。

（二）先给李白画一个素描

李白到底什么样儿呢？一般人却只是凭想象去猜想。也有些画家去画李白的，但也只是从李白的作品里去揣摩李白的性情、精神、爱好，而想着画罢了。李白真正什么样儿？我们试从李白自己以及他同时的人的记载里去找找看。

当然，这些记载是不完全的，因而我们也不可能构成一幅完整的李白的肖像。然而有几点，却是可以肯定的：

李白最特别的是两只眼睛，这一点给人印象很深。对李白很崇拜的诗人魏万，曾经跑了三千多里，就为的去找李白。据他的记载是“眸子炯然，哆如饿虎”[①]（眼珠剔亮，大得像饿虎的眼似的）。李白另一位朋友崔宗之也有诗道“双眸光照人”[②]。可见这一点是公认的了。

① 魏万《李翰林集序》，是李白逝世前一年（公元761年）作。

② 崔宗之《赠李十二白》。

李白最喜欢谈。在崔宗之的同一诗里就说："清论既抵掌，玄谈又绝倒。分明楚汉事，历历王霸道。"这是说他爱发议论，能谈哲学。熟悉汉高祖楚霸王那样的历史故事，又能谈一套政治理论。据李白自己的记载，他一个本家弟弟李令问曾经醉中问他："哥哥的五脏都是绣花缎吗？要不，为什么开口就说得那样漂亮，下笔就那样哗哗不止呢？"他也大笑，自己承认了。[①]

李白喜欢穿紫袍子。他曾在金陵（现在的南京），把自己的紫皮袍拿去换酒，"解我紫绮裘，且换金陵酒。酒来笑复歌，兴酣乐事多"[②]。他也曾穿着这紫皮袍去看朋友，"草裹乌纱巾，倒披紫绮裘。两岸拍手笑，疑是王子猷"。这是说他潦潦草草地把黑纱在头上一缠，紫皮袍随便一穿，人们见了，是一阵哄笑，竟以为是晋朝那位爱看雪景又最有豪兴去访友的王子猷呢。[③]这两处都是他自己的记载。

李白还常带着刀子。这是因为他会武术，也杀过人[④]，

① 李白《冬日于龙门送从弟京兆参军令问之淮南觐省序》："常醉目吾曰：'兄心肝五藏，皆锦绣耶？不然，何开口成文，挥翰雾散？'吾因抚掌大笑，扬眉当之。"

② 李白《金陵江上遇蓬池隐者》。

③ 李白《玩月金陵城西孙楚酒楼达曙歌吹日晚乘醉著紫绮裘乌纱巾与酒客数人棹歌秦淮往石头访崔四侍御》。

④ 魏万《李翰林集序》："少任侠，手刃数人。"

恐怕还入过下层社会组织[①]。崔宗之的诗里就说他“袖有匕首剑”。

又因为李白曾经长期间学过“道”——中国道士那一套的“道”，所以他有一套道士的制服，魏万曾这样记载。[②]他经常带着道书，以及道士炼丹用的药等，他同时的一个诗人独孤及就这样记载着他的行装。[③]他自己的《夏日山中》诗说：

懒摇白羽扇，裸袒青林中。
脱巾挂石壁，露顶洒松风。

他的《山中答问》诗说：

问余何意栖碧山，笑而不答心自闲。

① 李白有《赠武十七谔》诗，其序说：“门人武谔，深于义者也。质木沉悍，慕要离之风。”可见这种门人是属于武侠一流，所以可能是指一种流民的结社，就像孔亮喊宋江是师父似的。李白又有《秋夜于安府送孟赞府兄还都序》一文，说：“夫士有饰危冠，佩长剑，扬眉吐诺，激昂青云者，咸夸炫意气，托交王侯。若告之急难，乃十失八九。我义兄孟子，则不然耶?”上面所说正是流民的行径，下称义兄，可见也正是指的这一方面的结义弟兄。

② 魏万《李翰林集序》：“曾受道箓于齐，有青绮冠帔一副。”

③ 独孤及《送李白之曹南序》：“是日也，出车桐门，将驾于曹，仙药满囊，道书盈箧。”

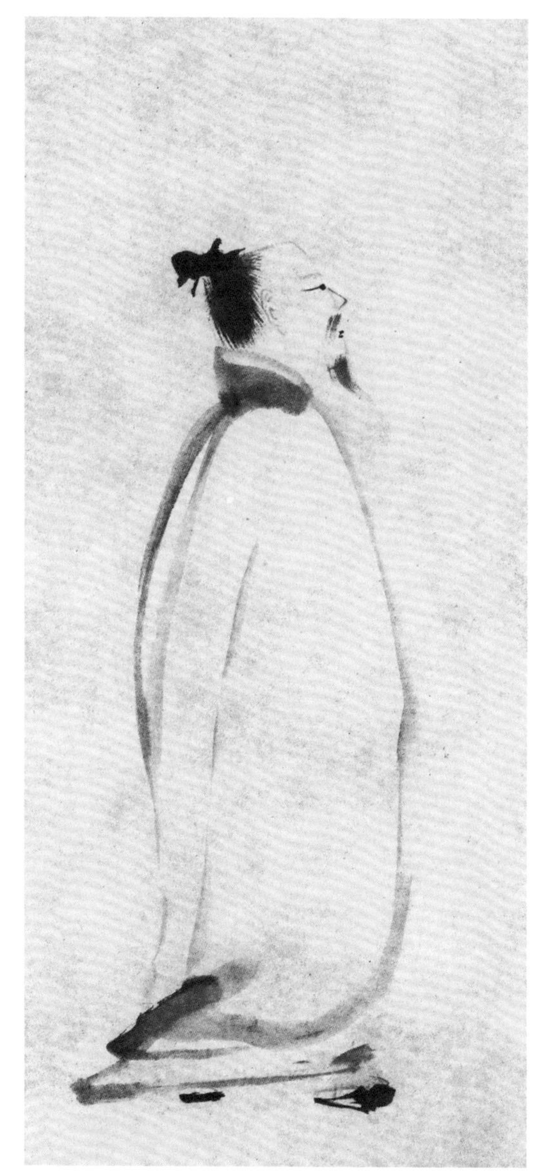

南宋　梁楷　李白行吟图

桃花流水窅然去，别有天地非人间。

这就更给人一个印象，真是飘飘欲仙了。李白是不是真是一个不关心人民的“神仙”人物呢？不是的，如果那样，他就不配称为中国一个大诗人了，而且，如果那样，他也就不会为人民这样热爱了。但这样的误会，是容易发生的。关于这，以后要详细谈到。

这就是我们对他的几个可靠的具体的印象：大眼睛，挺精神，喜欢穿紫色，带着短刀，有道士服装，也有道士的书和药，各地游荡，爱好谈论，人们看去，仿佛是仙人。

二　李白的故乡和他的少年生活

但上面所说的李白的样子，已经是一个中年人了。我们现在却要追叙到他的小时候去。

我们首先要问，李白是什么地方人呢？关于这，曾经有过不同的说法，或者说是陇西，那就是现在的甘肃，或者说是四川，或者说是山东，或者说是外国人。[①]就是他自己，在不同的机会，也曾说过不同的籍贯。

根据最可靠的说法（所谓可靠，是根据他的同时人李阳冰的记载，以及他的朋友范伦的儿子范传正的记载），是他在五岁的时候（公元705年），确切在四川北部彰明县青莲乡度过他的童年。五岁以前呢，谁也不清楚了。[②]

① 陈寅恪《李太白氏族之疑问》（《清华学报》十卷一期）。

② 以前有些人根据李白的作品和李阳冰的《草堂集序》认为他是陇西成纪人，其实是误会。陇西成纪是指郡望，并非实际的籍贯。郡望和实际的籍贯的不同，陈寅恪《唐代政治述论稿》中有所说明。

明　仇英　桃花源图（局部）

我们现在知道的是：他父亲本来也没有姓，是因为见李树而姓了李，[①]名字也几乎没有，只因为客居在四川，被人称为“客”，就叫客了。[②]李白在诗文里很少提起他的父母，只有一次提到他父亲曾叫他念司马相如的赋。[③]

他五岁所在的这个地方，也是奇怪的。我们刚才说的彰明县青莲乡，现在称青莲场。这地方在绵阳县[④]正北六十五华里。这地方有一个名字很有诗意的去处，叫漫波渡，现在还有太白祠，据说那就是李白的家。

我们为什么说这个地方奇怪呢？因为，所谓漫波渡，是现在人这样叫，早一些的记载却称为蛮婆渡[⑤]，那就是说，这地方很有一些外国妇女，或者少数民族。

现在漫波渡这个地方，却也名副其实。如果在春夏去游，水是那样清，远远地看去就云气蒸腾似的，有些淡淡的白雾，天和水是不大分的，真是“漫波”！岸上是一片淡黄花的树，夹着一些青竹，有些缥缈，有些空虚，也真仿佛李

---

① 李阳冰《草堂集序》，此序作于李白逝世的一年（公元762年）。

② 范传正《唐左拾遗翰林学士李公新墓碑》，此文作于李白逝世后五十六年（公元817年）。

③ 《秋于敬亭送从侄耑游庐山序》：“余小时，大人令诵《子虚赋》，私心慕之。”

④ 即今绵阳市。——编者注

⑤ 《四川总志》，见王琦辑注《李太白集》引，王书成于1759年，可见这记载还要靠前。

白的诗境！——李白就在这样的地方，度过他的童年。

现在当地的人对李白有着普遍的充分的敬爱。很有趣的，是当地人对李白一律称为太白先生，也不称老爷，也不直呼其名，也不称什么官。真再也没有比这个称呼好的了。

这地方还留下了一件和李白有关的古迹，那就是传说是李白的妹妹月圆的坟。这坟很小，杂在许多乱坟堆里。碑也已经破坏，“月圆之墓”只剩下了“之墓”二字，“圆”字只剩下了最后一道横画，看起来，是“一之墓”的样子。可是碑后还有残存的小字，令人知道确是所谓月圆坟。这样一个地方，实在不容易找，可是笔者在1943年2月22日去访问的时候，却由于一个捡粪的老百姓的指引而找到了。当地人对李白是多么敬爱，多么熟悉，又多么普遍地宝爱和诗人有关的事物呢！

李白大概在很小的时候，就接触过道教的书。所谓“五岁诵《六甲》”[①]，虽不一定准是五岁，但总是很小了。这大概给了他很大的影响，让他一生脱离不了道教，虽然以后学道的动机又有多种。

大概在他二十岁以前，曾经和一个隐士叫东严子的，隐

① 李白《上安州裴长史书》。王琦以为六甲是指六十甲子，但我以为这是指《武帝内传》所谓的“六甲灵飞”等，是一套迷信把戏。

于岷山。[①]岷山大概指现在成都附近的青城山。他自己说，曾经隐了好几年，不入城市。他们养了上千的稀奇的禽鸟，都喂熟了，一叫，就都能飞来手心里吃东西。有人说这个东严子就是赵蕤。[②]赵蕤是始终没出四川的隐士，曾经被当时的官吏荐举过，然而被拒绝了。赵蕤是一个学者，也爱谈政治。可能东严子就真是赵蕤。后来李白时而想过问政治，时而想隐退，也可能就是受了这人的教育的影响。李白出川后，曾有《淮南卧病书怀寄蜀中赵征君蕤》诗说“朝忆相如台，夜梦子云宅”，可见赵蕤也是李白很亲密的友人，在四川也常常一道玩儿，所以更可能就是东严子了。

在读书之外，李白很早就学习武术，他有“十五好剑术”[③]的自述。

他的写作也是很早的，他又有“十五观奇书，作赋凌相如”的自叙诗。[④]现在集中的《明堂赋》，可能就是他十五六岁时的作品。[⑤]

自然，像《明堂赋》这样的堆砌而没有内容的作品，是

① 李白《上安州裴长史书》。
② 杨慎《李诗选题辞》。
③ 李白《与韩荆州书》。
④ 李白《赠张相镐》诗。
⑤ 据王琦《李太白年谱》中的推测语。

没有什么价值的。但我们由此而知道他在少年曾有过一段刻苦的学习写作的阶段，否则他不会运用那样丰富的典故，并构成那样大的篇幅，李白少年时，曾经刻苦用功，是没有问题的。因为，他一生是在流浪中，如果不是早打下了基础，以后不可能写出那样纯熟的诗歌。传说他逢见那磨针的老太婆的故事，也必定是由于他的用功而产生的。各地都有李白的读书堂，虽然可靠的未必很多，然而他在一般人心目中，是用功的却没有问题了。我们现在要指出的，只是他的用功，大概特别在未出川以前。说不定，就是在他跟着东严子，好几年不入城市的那一段期间。

他离开四川以后，没回去过。他出川的时候，大概在他二十几岁。所以，凡是他写的川中景物的诗，都是他少年时期的作品。他作有《访戴天山道士不遇》一诗，那诗道：

犬吠水声中，桃花带雨浓。
树深时见鹿，溪午不闻钟。
野竹分青霭，飞泉挂碧峰。
无人知所去，愁倚两三松。

戴天山就是李白故乡彰明县的康山，可能这是现在保存下来的最早的作品，其他像他作的《登锦城散花楼》诗：

〇　元　赵孟頫　蜀道难（局部）

日照锦城头，朝光散花楼。
金窗夹绣户，珠箔悬银钩。
飞梯绿云中，极目散我忧。
暮雨向三峡，春江绕双流。
今来一登望，如上九天游。

又如《听蜀僧濬弹琴》诗：

蜀僧抱绿绮（琴名），西下峨眉峰。
为我一挥手，如听万壑松。
客心洗流水，遗响入霜钟。
不觉碧山暮，秋云暗几重？

也都是少年时作的。在“极目散我忧”里，知道他少年时已有早熟的成人的苦闷；在“如听万壑松”里，已见出他少年时有着高度的诗的技巧。

四川给他的印象是什么呢？主要是一种奇险壮美的感觉，在他有名的《蜀道难》一诗中曾说：“黄鹤之飞尚不得，猿猱欲度愁攀援。青泥（岭名）何盘盘，百步九折萦岩峦。扪参（参是星名）历井（井也是星名）仰胁息，以手抚膺坐长叹。”又说：“连峰去天不盈尺，枯松倒挂倚绝壁。飞湍瀑流争喧豗（音灰，水流的声音），砯（音烹，水打岩石的声音）崖转石万壑雷。”在《送友人入蜀》的一诗里也说：“见说蚕业路，崎岖不易行。山从人面起，云傍马头生。”像这种奇险壮美的感觉，使他的诗罩上了一层空无倚傍、创造而无所顾忌的气魄。

可是四川最让他留恋的，也许是在四川那样的山景中所见的月亮。这是像他在《峨眉山月歌》中所歌唱的：

峨眉山月半轮秋，影入平羌江水流。
夜发清溪向三峡，思君不见下渝州。

此后，凡是李白提到四川时，就总有一种浓烈的故乡情感，凡是想到故乡时，便总不能忘怀故乡的月亮。他在《峨眉山月歌送蜀僧晏入中京》（中京指长安，此诗作于武昌）中，开头就说“我在巴东三峡时，西看明月忆峨眉。月出峨眉照沧海，与人万里长相随”，最后还是劝这位同乡和尚，“归时还弄峨眉月”。他在《游秋浦白笴陂》诗中也说：“天借一明月，飞来碧云端。故乡不可见，肠断更西看。”

只有在这种联想上，我们才能懂得他那《静夜思》一诗里的滋味：

床前看月光，疑是地上霜。
举头望明月，低头思故乡。

原来他是看见了明月，就想起了四川的月亮，因而更不胜故乡之思呢。

他到了晚年，更是常常怀念他那没回去过的故乡四川了，像他在《宣城见杜鹃花》中所流露的：

蜀国曾闻子规鸟，宣城还见杜鹃花。
一叫一回肠一断，三春三月忆三巴。

李白的籍贯问题也可解决了：他五岁以前，我们虽然知道很少，但五岁到二十几岁这十五六年的光阴，我们却可确切知道他是在四川度过的。说他的故乡是四川，大概是没有问题的，因为诗人自己的怀念就是最好的证据。是在四川，他刻苦地读了书；是在四川，他打下了日后写作和从政的抱负的基础；是在四川，他萌下了求仙学道的念头；是在四川，他获得了富有创造性的壮美的风格的源头。

三　壮年的漫游

——学道和从政的矛盾

在李白出生的那一年（公元701年），唐朝还是在武则天的统治之下。在他五岁的那年，也就是他家住在四川彰明县的开始的一年，武则天死了。唐朝统治阶级内部经过了些斗争，到了李隆基（唐明皇）当朝的时候，李白十三岁了。唐明皇传位给李亨（唐肃宗）的时候，李白五十五岁。再过七年，李白就死了。所以，李白一生中，有四十多年，是在唐明皇的统治之下。大体上，也可说，李白是与唐明皇相终始的。

唐明皇统治的这个期间，最初也还振作，经济欣欣向荣，表面上是富裕了。所以，后来史家称为“盛唐”。文学艺术，都在这时发达起来。我们知道，和李白同年生的诗人有王维，比李白小十二岁的大诗人是杜甫。这三个大诗人，不但是唐代文学的三颗巨星，也是整个中国文学史上数一数二的人物。此外，中国大画家吴道子、大书法家颜真卿、大雕塑家杨惠之等，也都在这时候活跃着。盛唐国威也还大，北方的边患虽然没彻底解决，但在西方也曾打过几个胜仗。于是唐明皇就很享受了些统治阶级所惯好享受的骄奢淫逸的腐化生活。当然，阶级矛盾和民族矛盾的危机也就伏下了。

就在这所谓盛唐，危机还没十分表面化的时候，李白出了川，那时他大概二十五岁（公元725年）。他自己说："以为士生则桑弧蓬矢，射乎四方（见《礼记》），故知大丈夫必有四方之志。乃杖剑去国，辞亲远游。"①他是抱了很大的志愿（最初当然是功名富贵，后来却也关心到民间疾苦），离开家门的。

但离开四川，却也有些恋恋。他坐船到了湖北宜都的时候，就写有《荆门浮舟望蜀江》诗（荆门在宜都）：

春水月峡（地在重庆）来，浮舟望安极！
正是桃花流，依然锦江（成都的蜀江）色。
江色绿且明，茫茫与天平。
逶迤巴山尽，遥曳楚云行。
雪照聚沙雁，花飞出谷莺。

① 李白《上安州裴长史书》。

南宋　李嵩（传）　明皇斗鸡图

芳洲却已转，碧树森森迎。

流目浦烟夕，扬帆海月生。

江陵识遥火，应到渚宫城（渚宫在江陵，是梁元帝即位的地方）。

他依然想着重庆，想着成都。他觉得这一江的春水，就是从故乡四川流来的，四川的山也像依依不舍地跟着送他。可是他远远地望到江陵的灯火了，原来快到江陵了。

到了江陵，就又有诗道：

朝辞白帝彩云间，千里江陵一日还。

两岸猿声啼不住，轻舟已过万重山。

——《早发白帝城》

早晨还是在四川奉节的，到了晚上，就是江陵了。

自此以后，他的漫游就开始了。从二十五岁到二十七岁，这期间曾经东游扬州（现在江都）；那时他曾大量挥霍，一年之内，花了三十万金，都救济了“落魄公子”。又曾和一位四川朋友吴指南到过洞庭，但指南病死了，他大为痛哭。为着守尸，曾有虎来，他也没离开。他把他暂时埋在湖边，便又有金陵之行；但过了些时，回来一看，尸首却还没有全烂，他就亲自用刀子把尸首洗削停当，又背着尸骨，正式埋葬在鄂城（现在武昌）。对朋友，他是这样热肠的。[①]

大概在他二十七岁的时候吧，定居在安陆。这时，他和当过宰相的许圉师的孙女结了婚。他虽然各处漫游，但这大概是他这一期间比较固定的地方。他在这个地方，住了将近十年的光景。[②]这是司马相如《子虚赋》所称云梦泽的附近，他羡慕司马相如，所以也就喜爱这地方了。

在他三十岁的那年，曾积极地做过一些政治活动。所谓政治活动，也就是希望人引荐他。这是中国过去文人在封建社会时代惯常采取的途径。李白这时曾写有《与韩荆州书》，说明自己的本领，愿意呈献自己的诗文，希望韩荆州（名朝宗）能推荐他出来做官。他以战国时平原君的食客毛遂自居，说："三千宾中有毛遂，使白得颖脱而出，即其人焉。"又说："今天下以君侯（指韩）为文章之司命，人物之权衡，一经品题，便作佳士。而君侯何惜阶前盈尺之地，不使白扬眉吐气、激昂青云耶？"更说："倘急难有用，敢效微躯。"那就是说，他愿意尽量做一个"帮忙人物"，只要帮助他往上爬。

① 李白《上安州裴长史书》。

② 李白《秋于敬亭送从侄耑游庐山序》："酒隐安陆，蹉跎十年。"

可是结果怎样呢？他这时有《上安州李长史书》，是因为酒醉失礼，而解释误会的，说什么“何图叔夜（嵇康）潦倒，不切于事情；正平（祢衡）猖狂，自贻于耻辱。一忤容色，终身厚颜，敢昧负荆，请罪门下”。又有《上安州裴长史书》，也是解释误会，希望原宥，并加援引的，其中说：“何图谤詈忽生，众口攒毁，将恐投杼下客，震于严威。”又说：“若赫然作威，加以大怒，不许门下，逐之长途，白即膝行于前，再拜而去。”可见这些官僚的气焰把李白压迫得这样畏惧惶恐，又如何能让诗人扬眉吐气呢？

不但如此，连别的地方的官僚也干涉起收容李白来了，他作有《代寿山答孟少府移文书》，那就是由于扬州的孟少府来责备安陆的官吏不该让李白隐在附近的山里，而由李白替安陆的官吏起草答辩的。

从《代寿山答孟少府移文书》里，又可看出李白的两种矛盾——学道与从政：

近者逸人李白自峨眉而来，尔其天为容，道为貌，不屈己，不干[①]人，巢、由以来，一人而已。乃虬蟠龟

① 干（gān）：求。韩愈《与于襄阳书》：“未尝~之，不可谓上无其人；未尝求之，不可谓下无其人。”——编者注

息，遁乎此山。仆尝弄之以绿绮，卧之以碧云，嗽之以琼液，饵之以金砂。既而童颜益春，真气愈茂，将欲倚剑天外，挂弓扶桑。浮四海，横八荒，出宇宙之寥廓，登云天之渺茫。俄而李公仰天长吁，谓其友人曰：“吾未可去也。吾与尔，达则兼济天下，穷则独善一身。安能餐君紫霞，荫君青松，乘君鸾鹤，驾君虬龙，一朝飞腾，为方丈、蓬莱之人耳？此则未可也。”乃相与卷其丹书，匣其瑶瑟，申管、晏之谈，谋帝王之术。奋其智能，愿为辅弼，使寰区大定，海县清一。事君之道成，荣亲之义毕，然后与陶朱（范蠡）、留侯（张良），浮五湖，戏沧州，不足为难矣。

这是他真正的抱负，也是他基本的矛盾。他的确想当一当宰相（辅弼），把天下治得太平（使寰区大定，海县清一），功成身退，就学范蠡和张良。这是在他一生的诗文里都一贯地这样表示着的。可是他也有学道的心，想当神仙，那也是同样很有诚意的。在他政治的热心上升时，他就放弃了学道；在他政治上失败时，他就又想学仙；自然，他最后是两无所成，那就只有吃酒了。我们现在要指出的是，他的从政，的确有种抱负，那就是要治国平天下，所以做官要做大的，同时也不只是功名富贵的个人享受就满足。这一种比较成熟的政治愿望，是他在壮年时形成的。这一种学仙与从政的根本矛盾，此后支配他一生。

大概也就在他三十岁左右吧，他在江陵，曾见过当时有名的隐士司马承祯。[①]这人说他有“仙风道骨”[②]，这不啻是对他学仙的一种强烈的鼓励。他作有《大鹏赋》，此赋原题是《大鹏遇稀有鸟赋》，他自居大鹏，把司马承祯比作稀有鸟，表示他们要共同超然物外，实现道家的理想。

在这时前后，他又认识道教中的另一个著名人物胡紫阳。胡紫阳在随州（现在湖北随县，在安陆之北，相去不远）有餐霞楼，李白的好友元丹丘即学道于此，为胡紫阳弟子。李白也常来这里和他们谈道，但他自居为平等的地位。他后来在《汉东紫阳先生碑铭》上说：“予与紫阳神交，饱飧素论，十得其九。”意思是说胡紫阳那一套，他都明白。李白比胡紫阳小二十岁[③]，他们会见的时候，大概胡紫阳五十岁左右，李白三十岁左右而已。胡紫阳在道家徒中的辈

① 司马承祯死于735年，时李白三十五岁。李白《大鹏赋》序称“余昔于江陵，见天台司马子微”（即承祯），依时地推测，他们会见是在李白三十岁左右。

② 李白《大鹏赋》序。

③ 胡紫阳死于742年，年六十二岁，时李白四十二岁。

元　佚名　清明上河图（局部）

分，相当于司马承祯的弟子[1]，但李白对司马承祯也是拿平等的态度的。

就在胡紫阳、元丹（即元丹丘）、元演一般人谈玄论道的时候，李白虽然和他们“结神仙交”，也参加其中，但却另有一种态度：“吾不凝滞于物，与时推移。出则以平交王侯，遁则以俯视巢、许。”[2]这就是他的从政和学道的矛盾，没有他们那样单纯了——杜甫也没有李白这种矛盾，杜甫是单纯地愿意出来做些事业，虽然也遭到了失败。

在湖北的一个期间，他认识了当时的大诗人孟浩然，孟浩然比李白大十一岁。他们有着深厚的友情。他作有《黄鹤楼送孟浩然之广陵》诗：

故人西辞黄鹤楼，烟花三月下扬州。
孤帆远影碧空尽，唯见长江天际流。

又作有《赠孟浩然》诗：

① 李白《汉东紫阳先生碑铭》：“陶隐居（陶弘景）传升元子（王远知），升元子传体元（潘师正），体元传贞一先生（司马承祯），贞一先生传天师李含光，李含光合契乎紫阳。”可知胡紫阳和司马承祯的弟子李含光平辈。

② 李白《冬夜于随州紫阳先生餐霞楼送烟子元演隐仙城山序》。

吾爱孟夫子，风流天下闻。

红颜弃轩冕，白首卧松云。

醉月频中圣，迷花不事君。

高山安可仰，徒此揖清芬。

他对孟浩然是佩服的，因为符合了他的理想的一部分——隐退；但他另有一部分理想——出山。

在矛盾心情中，李白大概因为在以安陆为中心，各处游荡，而没有什么收获吧，就北上到了山西太原。[①]他在《忆旧游寄谯郡元参军》一诗里提到："君家严君勇貔虎，作尹并州遏戎虏。五月相呼渡太行，摧轮不道羊肠苦。"可见他是随着元参军的父亲而到山西的。元参军可能是元演，因为他在诗中又提到他们曾"相随迢迢访仙城"，并说到"紫阳之真人，邀我吹玉笙。餐霞楼上动仙乐，嘈然宛似鸾凤鸣"，可知正是在随州胡紫阳处朝夕相处的二元之一了。但不会是

① 王琦据开元二十三年（735年）耕籍田，和李白《秋日于太原南栅饯阳曲王赞公贾少公石艾尹少公应举赴上都序》有"今年春，皇帝有事千亩"的话，认为李白在三十五岁时赴太原。但此序明有"白也不敏，先鸣翰林"的话，那是在四十二岁以后说的无疑。所以他在三十五岁到太原一事是不确切的。我们只知道他壮年时去过太原，不能确指何年。他既然在安陆比较安定地住过十年（二十七八岁到三十七八岁），所以只可能认为是在安陆居住以后到的太原而已。

元丹，因为就他另一首寄元丹丘的诗看，“仆在雁门关，君为峨眉客”（《闻丹丘子于城北山营石门幽居中有高凤遗迹仆离群远怀亦有栖遁之志因叙旧以寄之》），他们这时并不在一处。所以，我们就假定是元演吧。元演大概也随着父亲到了山西，他们招待李白很好，所以李白的《忆旧游》诗里有“感君义气轻黄金”，以及“使我醉饱无归心”的话。

他在太原认识了郭子仪。[①]郭子仪这时还是一个小兵，因为小有过失，要受责罚。李白给他帮了忙，让主帅饶了他。从这件事，见出李白非常看重人才。

此后，李白就到了山东，大概有三十七八岁了吧，最常住的地方是济宁（当时叫任城）。他在这里又安了家，住了相当久。

他这时常在一起的朋友有孔巢父、韩准、裴政、张叔明、陶沔，加上他自己，别人称为“竹溪六逸”。他们隐居的地方是泰山以南的徂徕[②]山。他作有《送韩准裴政孔巢父还山》诗：

猎客张兔罝，不能挂龙虎。

---

① 此事最早的记载是见之于裴敬写的《翰林学士李公墓碑》，此文作于公元843年，距李白死时八十二年。

② 徂（cú）徕（lái）：山名。亦称“龙徕山”。在山东省泰安市东南。——编者注。

所以青云人，高卧在岩户。
韩生信英彦，裴子含清真。
孔侯复秀出，俱与云霞亲。
峻节凌远松，同衾卧盘石。
斧冰漱寒泉，三子同二屐。
时时或乘兴，往往云无心。
出山揖牧伯，长啸轻衣簪。
昨宵梦里还，云弄竹溪月。
今晨鲁东门，帐饮与君别。
雪崖滑去马，萝径迷归人。
相思若烟草，历乱无冬春。

可见他们气味的相投。

他在山东见过李邕，李邕即李北海（因为他做过北海太守），是有名的书法家。他有《上李邕》诗：

大鹏一日同风起，抟摇直上九万里。
假令风歇时下来，犹能簸却沧溟水。
时人见我恒殊调，见余大言皆冷笑。
宣父（孔子）犹能畏后生，丈夫未可轻年少。

我们知道李邕大李白二十多岁[1]，这是六十多岁的老人了，可能见到李白的飞扬跋扈而有些劝告，所以李白写了这样的诗作答。李白惯好以鹏自比，现在就又说自己一旦像鹏鸟那样地飞黄腾达起来，谁能预料呢？不要瞧不起他！“时人见我恒殊调，见余大言皆冷笑”，李白这时的行径，是很形象化地写在这里了。

李白这时用世之心很强，正是从政的愿望大过学仙的时候。但他最佩服鲁仲连那样的人物，因为鲁仲连能反抗暴秦，解决人民痛苦，但又功成身退，高蹈而去，不受任何人的拘束，这最合李白的理想——这是最理想地解决他那从政和学道的矛盾的方法。鲁仲连是山东人，于是李白也就在山东写出了对他的倾慕：

谁道泰山高，下却鲁连节。

谁云秦军众，摧却鲁连舌（意思是被鲁连的口才所摧却）。

独立天地间，清风洒兰雪。

夫子还倜傥，攻文继前烈。

错落石上松，无为秋霜折。

---

① 李邕死于747年，年七十余岁，时李白四十七岁。

> 赠言镂宝刀，千岁庶不灭。
>
> ——《别鲁颂》

可是李白对于自己的信赖总是超过别人对他的信赖的，别人总以为他不适宜于过问政治，总以为他只是“大言”，就像上面《上李邕》一诗里所述及的。然而李白却很抵抗这种嘲笑，仍是执拗地抱着自己的幻想。他有《五月东鲁行答汶上翁》诗：

> 五月梅始黄，蚕凋桑柘空。
> 鲁人重织作，机杼鸣帘栊。
> 顾余不及仕，学剑来山东。
> 举鞭访前途，获笑汶上翁。
> 下愚忽壮士，未足论穷通。
> 我以一箭书，能取聊城功。
> 终然不受赏，羞与时人同（即鲁仲连的故事）。
> 西归去直道，落日昏阴虹。
> 我去尔勿言！甘心如转蓬。

他还是要学鲁仲连，哪怕失败，也甘心。

可是他在山东依然没有成就，也许只有他学的剑术是又

元　高克恭　夏山过雨图

高明些了吧。于是他又南下，漫游于江苏、安徽、浙江等地。

这时却由于李白的一位朋友，也是道教徒，叫吴筠的，被唐明皇宣召入京了。吴筠就推荐了李白。还有唐明皇的姊妹玉真公主，后来也出家当了道士，又称为持盈法师的，也耳闻李白之名，十分愿意李白来京。当然，像李白这样突出的人物，唐明皇也早听说了。[①]现在李白的机会到了，他接到了三次邀请，约他入京。他这时家在安徽的东南部南陵。他高兴地写了《南陵别儿童入京》诗：

白酒新熟山中归，黄鸡啄黍秋正肥。
呼童烹鸡酌白酒，儿女嬉笑牵人衣。
高歌取醉欲自慰，起舞落日争光辉。
游说万乘[②]苦不早，著鞭跨马涉远道。
会稽愚妇轻买臣，余亦辞家西入秦。

① 关于李白入京，魏万《李翰林集序》说是“因持盈法师达，白亦因之入翰林”，刘昫《旧唐书·文苑列传》说是“客游会稽，与道士吴筠，隐于剡中，筠征赴阙，荐之于朝”，李阳冰《草堂集序》只说唐明皇见了李白，就说“卿是布衣，名为朕知”，没讲什么人引荐。我们认为这都是可能的，所以采取了综合的叙述。

② 万乘（shèng）：天子。周制，天子地方千里，兵车万辆，因以“万乘”称天子。——编者注

仰天大笑出门去，我辈岂是蓬蒿人？

又写了和太太开玩笑的《别内赴征》诗三首，其中头两首是：

王命三征去未还，明朝离别出吴关。
白玉高楼看不见，相思须上望夫山！

出门妻子强牵衣，问我西行几日归？
归时倘佩黄金印，莫见苏秦不下机！

他就这样扬扬得意地往长安而去。这时大概是唐明皇天宝元年（公元742年），李白四十二岁了。在唐明皇统治的四十多年中间，光阴已经过了三分之二，在那过了的三分之二的时间内，李白却是漂泊，漂泊着。

四　李白在长安

——李白对盛唐的政治之认识

李白是真的到了长安了！

李白到长安这件事果然排场不小，传说唐明皇降辇步迎，亲为调羹，说什么："您是老百姓，可是您的大名能让我也知道了，如果不是平素道德高尚，如何能到这样？"[①]而且又传说还请他起草了一些文告[②]，写过《答蕃书》[③]之类。

表面上似乎很看重他，其实像唐明皇那样一个沉溺于酒色的糊涂皇帝，哪里有什么爱才的思想，不过拿他来玩弄而

① 李阳冰《草堂集序》："（皇祖）谓曰：'卿是布衣，名为朕知，非素蓄道义，何以及此？'"

② 李阳冰《草堂集序》："问以国政，潜草诏诰。"李白《赠崔司户文昆季》也说："布衣侍丹墀，密勿草丝纶。"

③ 此据范传正《唐左拾遗翰林学士李公新墓碑》。刘全白《唐故翰林学士李君碣记》作《和蕃书》，乐史《李翰林别集序》同。小说中便变成《吓蛮书》了。我们也不知道是"和"还是"吓"，所以采取了"答"。

元　钱选　贵妃上马图（局部）

已。例如有一次，是宫里牡丹花盛开了，唐明皇和杨太真妃（即杨贵妃，这一年还没有册封贵妃，那是以后的事）在宫里赏花，先请李龟年领导梨园弟子（唐明皇自己的戏班）唱歌，旧调子已听腻了，忽然想起："为什么不请李白也来作新词呢?"就又请了李白来。于是李白也就马上写了《清平调》三首，道是：

云想衣裳花想容，春风拂槛露华浓。

若非群玉山头见，会向瑶台月下逢。

一枝红艳露凝香，云雨巫山枉断肠（这是说太真妃比楚襄王梦中遇见的神女还漂亮）。

借问汉宫谁得似，可怜飞燕（赵飞燕）倚新妆！

名花（牡丹）倾国（太真妃）两相欢，长得君王带笑看。

解释春风无限恨，沉香亭北倚阑干。

李白就这样参加在他们这种荒淫享乐的生活中了。[1]

① 韦叡《松窗录》。

杜甫写有《饮中八仙歌》，其中给这时的李白作了一幅速写（李白、杜甫并非同时在京，杜甫的描写可能是日后入京时听自传闻）：

李白一斗诗百篇，长安市上酒家眠，
天子呼来不上船，自称臣是酒中仙。

可见当时的李白是过着稀里糊涂的日子，他还以为得意呢。八仙之中的另一位是老诗人贺知章，这时八十多岁了，杜甫称为“知章骑马似乘船，眼花落井水底眠”的，原来也是酒鬼，常常因为酒醉落水。他却是真正欣赏李白的，不像唐明皇那样戏弄的态度。一见李白，大加赞赏。见了李白作的反对侵略战争的歌曲《乌夜啼》[①]：

黄云城边乌欲栖，归飞哑哑枝上啼。
机中织锦秦川女（指晋时窦滔妻苏氏。窦滔远去流沙，苏氏织成沉痛的回文诗寄他），碧纱如烟隔窗语。
停梭怅然忆远人，独宿孤房泪如雨。

① 孟棨《本事诗》，有谓是《乌栖曲》，有谓是《乌夜啼》，因为《乌夜啼》一诗比《乌栖曲》深刻，所以我们认为《乌夜啼》可能性大。

曾称道：“鬼神读了这诗，也得感动得落泪!”贺知章见李白飘然不群，就又给他加了一个称呼，叫“谪仙人”，意思是说李白就像原是仙人，因为犯了过错，而被贬到人间的。李白很得意这个称呼，自己也承认是“青莲居士谪仙人，酒肆藏名三十春”（《答湖州迦叶司马问白是何人》）了。杜甫后来也曾把这事写在诗里：“昔年有狂客，号尔谪仙人。笔落惊风雨，诗成泣鬼神。声名从此大，汩没一朝伸。”（《寄李十二白二十韵》）

但李白现在过的日子，也可说是帮忙或者帮闲的日子。他后来回忆道：

> 汉家天子驰驷马，赤车蜀道迎相如（自比司马相如）。
> 天门九重谒圣人（指唐明皇），龙颜一解四海春。
> 彤庭左右呼万岁，拜贺明主收沉沦。
> 翰林秉笔回英盼，麟阁峥嵘谁可见!
> 承恩初入银台门，著书独在金銮殿。
> 龙驹雕镫白玉鞍，象床绮席黄金盘。
> 当时笑我微贱者，却来请谒为交欢!
>
> ——《赠从弟南平太守之遥》

昔在长安醉花柳，五侯七贵（原是汉朝的五个王侯以及当时著名的七大贵族，借用了指唐代的统治阶级）同杯酒。

气岸遥凌豪士前，风流肯落他人后？

夫子（指辛判官）红颜我少年，章台（长安街名）走马著金鞭。

文章献纳麒麟殿，歌舞淹留玳瑁筵。

……

——《流夜郎赠辛判官》

李白在宫廷里，便这样混了一阵子。有时撒撒酒疯，醉时还让当时最有势力的太监，唐明皇的亲信高力士，给他脱过靴子。

他像一般混进统治集团的文人一样，在得意之中，便也很作了一些像《清平调》那样帮闲的文字。唐明皇对于他呢，也就把他安置在翰林院里，称为学士——翰林院也恰是皇帝的一群清客的所在。后来想叫他当中书舍人[①]，这也无非是一种秘书的地位，利用他的文笔就是了。他的得意，也不过如此。

① 魏万《李翰林集序》：“许中书舍人……”

然而另一方面，李白究竟是诗人。他在宫廷里不久，也就不满意起来，有点醒悟了。首先，他原是无拘无束的人，他爱的是读书，喜的是写诗，处在官场的摩擦中，便处处有捉襟见肘的局促：

晨趋紫禁中，夕待金门诏。
观书散遗帙，探古穷至妙。
片言苟会心，掩卷忽而笑。
青蝇易相点，《白雪》难同调（受人排斥，曲高和寡）。
本是疏散人，屡贻褊促诮。
云天属清朗，林壑忆游眺。
或时清风来，闲倚栏下啸。
严光桐庐溪，谢客（谢灵运）临海峤。
功成谢人间，从此一投钓。

——《翰林读书言怀呈集贤诸学士》

这是说出心里话来了：会心的读书多么有味儿！游逛山水，多么值得留恋！现在却偏偏憋在这里受拘束！想起隐士严子陵，想起诗人谢灵运，巴不得还是赶快立功，赶快走掉吧——从政和学道的矛盾，又在这里发酵了。

可是他是没法立功的。因为，这时执政的大权是在老奸巨猾的李林甫手里，他既专横，又多诈术，今天对付这个，明天对付那个，他和任何人都摩擦，任何人都怕他。另外，还有杨太真妃一系的贪官污吏，像杨国忠等，还在跃跃欲试，想夺取政权。安禄山也就是利用这种空隙，而想来一次大投机的。唐明皇完全是过糊涂的日子。诗人的李白，空有单纯的抱负的李白，不要说斗不过他们，恐怕连了解他们那一些把戏也不容易。

在矛盾中，李白只好偏向于另一方面，想退了。在李白到长安的第二年，贺知章是要告老还家了。唐明皇约了许多诗人，都写诗饯行。李白在应制的一首中虽然说："借问欲栖珠树鹤，何年却向帝城飞？"好像还希望贺知章再回来似的，但这是当着唐明皇的面而已，他自己用私人的名义送别的一首却就不同了：

镜湖流水漾清波，狂客归舟逸兴多！

山阴道士如相见，应写《黄庭》换白鹅（指王羲之写字换鹅的故事）。

——《送贺宾客归越》

丝毫不劝他回来，而且羡慕他的逸兴呢。

在野的李白就想在朝，在朝的李白却想在野。他在《金门答苏秀才》诗中说“愿狎东海鸥，共营西山药”，他觉悟到“得心自虚妙，外物空颓靡”；他在《朝下过卢郎中叙旧游》诗中说“却话山海事，宛然林壑存”，他渴想的是“何由返初服，田野醉芳樽”。我们要注意，这里的前一首诗是写在金门，金门即指宫门，后一首诗是写在刚下朝之后，却都是在宫廷生活中而表示出急切要离开了。

他坚决要求出走，于是唐明皇也答应了。这事除了李白本人的志愿以外，也还由于他常醉酒，唐明皇怕他酒后闹乱子，泄露机密，在宫廷里不宜。[①]也由于一般权贵嫉妒他。显然可据的，排挤他的有张垍和高力士。张垍是驸马，也在翰林院，后来曾投降安禄山。这样的人物，妒才害能，排挤李白，当然是可能的。[②]高力士是从唐明皇小时就侍候起的太监，唐明皇称他为“老奴”。他的势力有多大呢？太子见了也称老兄，王侯们见了称翁，驸马一辈的见了要叫爷爷。他有一次铸了一个庙钟，谁要敲一下，就要出一百串钱，可是大家争着敲，最少的也敲十下，为了巴结他。[③]他是这样

① 范传正《唐左拾遗翰林学士李公新墓碑》：“既而上疏请还旧山，玄宗甚爱其才，或虑乘醉出入省中，不能不言温室树，恐掇后患，惜而遂之。”

② 魏万《李翰林集序》。

③ 《资治通鉴》卷二百十六。

元　吴镇　溪山高隐图（局部）

一个有势力的人物，李白却拿奴隶身份（本来的身份）待他，他当然会忌恨。据说，杨太真妃因为李白写《清平调》，原很喜欢他，就常自己唱。高力士乘机便道："我以为你恨李白呢。"太真妃问："为什么？"高力士说："你看，他把你比赵飞燕，多可恶哇！"[①]这话提醒了她，她也就自然说李白的坏话了。不过，我们想，李白之不适于在长安，原因还不止此，那是一个统治阶级内部斗争异常险恶的局面，李白原是不容易应付的——尤其像李林甫那般狡诈的老官僚！

他受了排挤是没有问题的，他自己作的诗中有："谗惑英主心，恩疏佞臣计。彷徨庭阙下，叹息光阴逝。"（《答高山人兼呈权顾二侯》）他替宋若思写的荐自己的表中也说："为贱臣诈诡，遂放归山。"他同时的诗人任华也说："权臣妒盛名，群犬多吠声。有敕放君却归隐沦处，高歌大笑出关去。"（《杂言寄李白》）

他也就只好这样大模大样而去了。

他在长安一共待了多久呢？"离居在咸阳，三见秦草绿"（《以诗代书答元丹丘》），不过三年！他在长安，头一年为贺知章老诗人所赏识，第二年贺知章走了，第三年他自己也走了。

① 韦叡《松窗录》。

虽然短短的三年，李白对于所谓盛唐的统治集团的罪恶却有了初步的认识。像他的诗中说：

大车扬飞尘，亭午暗阡陌。
中贵多黄金，连云开甲宅。
路逢斗鸡者，冠盖何辉赫！
鼻息干虹蜺，行人皆怵惕。
世无洗耳翁，谁知尧与跖？

——《古风》五十九首，其二十四

这是说像高力士那般人，土地兼并之凶！历史上说他们占的房产，有京城的一半。[①]又说斗鸡的人，都做了大官。[②]他们气焰之大，喘口气，都可以高入天上。李白愤怒地说，他们简直和有名的大盗盗跖没有分别！

他很惋惜，“一百四十年，国容何赫然”，可是糟蹋在“斗鸡金宫里，蹴踘瑶台边”（《古风》五十九首，其四十六），在统治者享乐中断送了。他看出了当时政治的危机：“奸臣欲窃位，树党自相群。”（《古风》五十九首，其五十

① 《新唐书·宦者传》。
② 陈鸿《东城老父传》。

三）他指责唐明皇是像殷纣王、楚怀王那样糊涂："殷后乱天纪，楚怀亦已昏！"（《古风》五十九首，其五十一）

他对于唐明皇曾经这样下过结论："徒希客星隐，弱植不足援。"（《书情赠蔡舍人雄》）他说他自己只能希望像严子陵那样，退隐就算了，唐明皇是不可救药的。他也曾说："区区精卫鸟，衔木空哀吟。"（《寓言》）他像那有心填海的精卫鸟一样，虽有报国的热忱，却没有施展的机会。

诗人何尝不看得透！于是他只好继续漂泊！

五　漫游生活的第二期

——更多的暴露和批判

李白第一次漫游的时候，不过二十五六岁，现在这一次漫游是四十四五岁了，上一次漫游还比较有一个固定的地方——那就是“蹉跎十年”的湖北安陆，这一次的漫游，却更不固定了，勉强可以称为漫游的中心的，乃是“一朝去京国，十载客梁园”（《书情赠蔡舍人雄》）的河南开封以及“爱子在邹鲁”（魏万《金陵酬翰林谪仙子》）的山东单县；上一次漫游，离开了故乡四川，以后再也没回去过，现在这一次漫游，离开了政治中心的长安，以后便再也不曾旧地重游了；两次的漫游统统是在从政和学道的矛盾心理中，但第一次漫游，压倒的力量是从政，而第二次漫游，压倒的力量却变为学道了；第一次的漫游，以入长安的一幕作为结束，后一次的漫游，也有让这漫游告一段落的事件，那就是参加永王璘的政治活动；在第一次漫游时，唐明皇的政治统治，

○ 南宋 米友仁 潇湘奇观图（局部）

虽然危机四伏，但还没有爆发，这一次漫游，却正是当那危机逐渐成长，最后酿成了所谓安史之乱或称天宝之乱的时候——李白在不同的经历中，对盛唐统治者的面目是认识更清楚了，批判也更深刻了，可是他自己也老了。

“载客梁园”的期间，为什么在河南开封一带较久呢？这是因为这里是交通的要道，在他北边漫游到河北、山西，西边漫游到陕西邠县，东边常回家到山东瞧瞧的时候，便很容易路过于此了。至于他之所以常到山东，那是不只因为他离京以后，又把家安在这里，还因为山东也是道教的一个中心，他要在山东学道呢。

李白在开封一带，发挥了他的豪兴。像《将进酒》中所写的：

君不见黄河之水天上来，奔流到海不复回？
君不见高堂明镜悲白发，朝如青丝暮成雪？
人生得意须尽欢，莫使金樽空对月！
天生我材必有用，千金散尽还复来。
烹羊宰牛且为乐，会须一饮三百杯。
岑夫子，丹丘生，进酒君莫停！
与君歌一曲，请君为我倾耳听。
钟鼓馔玉不足贵，但愿长醉不复醒。

古来圣贤皆寂寞，唯有饮者留其名。

陈王（曹植）昔时宴平乐，斗酒十千恣欢谑。

主人何为言少钱，径须沽取对君酌。

五花马，千金裘，呼儿将出换美酒，与尔同销万古愁！

这里岑夫子大概是岑勋，丹丘生即元丹丘，都是李白的好友。在好友跟前，他更畅怀痛饮了。因为政治失败，他觉悟到“钟鼓馔玉不足贵”，并因而否定一切，“古来圣贤皆寂寞”。但在这里，却仍有他的自负，那就是“天生我材必有用”；同时也表现了他的豪气，“千金散尽还复来”；把五花马、千金裘，尽管当去，“与尔同销万古愁”！

这就是他“我浮黄河去京阙”（《梁园吟》）以后的感觉。他又说：

人生达命岂暇愁，且饮美酒登高楼。

平头奴子摇大扇，五月不热疑清秋。

玉盘青梅为君设，吴盐如花皎白雪。

持盐把酒但饮之，莫学夷齐（伯夷、叔齐）事高洁。

昔人豪贵信陵君，今人耕种信陵坟。

荒城虚照碧山月，古木尽入苍梧云。

梁王宫阙今安在？枚马（枚乘、司马相如）先归不相待。

舞影歌声散渌池，空余汴水东流海。

沉吟此事泪满衣，黄金买醉未能归。

连呼五白行六博，分曹赌酒酣驰晖。

歌且谣，意方远，

东方高卧时起来，欲济苍生未应晚。

——《梁园吟》

在这里，他仍是羡慕富贵，不甘于像伯夷、叔齐那样的寂寞消极，他并没有死心，他说“欲济苍生未应晚”。可是目前既没有到手的希望，他就拼命地喝酒，拼命地赌。这里是：一方面他觉得应该大量享受，一方面又有一种我来救你们的恩赐观点，“欲济苍生未应晚”。由于长期的漂泊，由于没有固定的住所，由于没有固定的职业，由于没有产业（《赠从兄襄阳少府皓》：“归来无产业，生事如转蓬。”《赠从弟洌》：“顾余乏尺土，东作谁相携？”东作指农事），由于交结在一些流浪人中间，李白是有流民气质的。他的豪气，我们认为正是这方面的表现。在他失意时，便特别明显地流露出来——得意时，就想往上爬了。不过在这里也有与一般出身于中小地主的文人士大夫不同的一点，就是，他之往上爬，乃是希望平地一声雷，一步登天，立刻有大富贵，和帝王几乎平等的——可是这样，就更不容易如意了。

在李白往来于开封、单县时，遇见了当代的大诗人杜甫。确切的年月虽不可知，但从杜甫的《寄李十二白二十韵》“乞归优诏许，遇我宿心亲”看来，正是在李白刚刚离开长安，而杜甫也游开封、洛阳时定交的。此后，杜甫便非常熟悉这位“醉舞梁园夜（在开封），行歌泗水春（在山东）”的李白了。“剧谈怜野逸，嗜酒见天真”，李白喜欢谈，李白喝了酒就更无拘无束起来，杜甫更是印象非常深的了。这时李白四十四五岁，杜甫却刚过三十。这两颗文坛巨星的晤聚，是中国文学史上永远不可磨灭的佳话。他们的友情，一如他们的诗歌，永远为后人所记忆着。

杜甫作的《遣怀》：“忆与高李辈，论交入酒垆。……气酣登吹台，怀古观平芜。”这是回忆他们这时在开封之游的。杜甫作的《昔游》：“昔者与高李，晚登单父台。寒芜际碣石，万里风云来。”这是回忆他们这时在单县之游的。高是高适，也是当时著名诗人，年龄约与李白相等。[1]

① 陆侃如《诗史》高生于公元700年（?），闻一多《唐诗大系》高生于公元702年（?）。

李白和杜甫是像兄弟般的友爱着，“醉眠秋共被，携手日同行”（杜甫《与李十二白同寻范十隐居》），可见他们的亲密。后来他们分别了，在春天，杜甫就作有《春日忆李白》诗，在冬天，就又作有《冬日有怀李白》。杜甫非常佩服李白的诗的成就，称为“清新庾开府（庾信），俊逸鲍参军（鲍照）”，“李侯有佳句，往往似阴铿”，这些人都是杜甫自己悬想的目标，正是所谓“庾信文章老更成”，“颇学阴何（阴铿、何逊）苦用心”，“流传江鲍（江淹、鲍照）体，相顾免无儿”，现在拿来比李白的。“飘然思不群”，杜甫很倾倒李白的才思；“酒后见天真”，杜甫很欣赏李白的醉态。

然而杜甫对李白，也不是一味捧场，而没有批评的。他说：“秋来相顾尚飘蓬，未就丹砂愧葛洪。痛饮狂歌空度日，飞扬跋扈为谁雄？”（《赠李白》）这是看到李白的飞扬骄躁，一事无成，也不知忙些什么，而劝他收敛的。自然，李白自有李白内心的苦闷，也有自己的抱负，因为年龄和经历教养的不同，这时杜甫也有不能完全理解的地方，可是总算尽了劝善规过的友道，所以他们友情日笃了。

传说李白也有一首和杜甫开玩笑的诗：

饭颗山头逢杜甫，头戴笠子日卓午。

借问因何太瘦生？（生是语助，好像现在说干吗这

○ 清 王时敏 杜甫诗意图册（局部）

么瘦哇?)总为从来作诗苦[①]!

就两人作诗的态度不同论，这种玩笑是可能的。

但同时，李白却有《鲁郡东石门送杜二甫》诗：

醉别复几日，登临遍池台。
何时石门路，重有金樽开?
秋波落泗水，海色明徂徕。
飞蓬各自远，且尽手中杯。

这是写和杜甫的小别的。又有《沙丘城下寄杜甫》：

我来竟何事，高卧沙丘城。
城边有古树，日夕连秋声。
鲁酒不可醉，齐歌空复情。
思君若汶水，浩荡寄南征。

这是写别后的思念的——像汶水一样，无穷无尽地流荡着怀想！李白也何尝忘了杜甫？总之，他们的友谊是在互相切

① 孟棨《本事诗》。

磋，互相鼓励，互相友爱的氛围中成长着。

他们都曾做过北海太守李邕的上宾，都曾留恋过齐鲁的山水。他们的友谊，伴着他们的足迹，特别印上了山东的乡土。

可是李白是有他的心事的。他在山东急于学道。他有《访道安陵遇盖寰为予造真箓临别留赠》诗，安陵在唐时属德州平原郡，这是为盖寰替他造《真箓》而写。《真箓》是什么呢？原来是写的天上诸神的名字，还有一些符咒，由学道的人从师傅手里得到，须要天天佩带的。这在道教徒看，是一件大典。盖寰曾经学道于北海仙，北海仙是高如贵，那是更高一层的师傅了。李白以单单受《真箓》于盖寰，还不满足，便又要直接再请北海仙传道箓。他又有《奉饯高尊师如贵道士传道箓毕归北海》诗：

> 道隐不可见，灵书藏洞天。
>
> 吾师四万劫，历世递相传。
>
> 别杖留青竹（这是用费长房遇见神仙，给他竹杖，竹杖变为龙的故事），行歌蹑紫烟。
>
> 离心无远近，长在玉京悬（玉京是传说中的天顶）。

北海是现在山东的青州。道教是有层次等级的。现在李白在道教上是更有了进境了。

李白对于学道非常热心，“好道心不歇”（《天台晓望》），“余尝学道穷冥筌，梦中往往游仙山”（《下途归石门旧居》），连梦里也是这一套。他大概学有心得了，就在山东单县家里写起道教的专门论文来，所谓“我闭南楼著道书”（《早秋单父南楼酬窦公衡》）呢。

李白在这一个时期最大的收获就是和杜甫的友情，以及在学道方面又有了较前更进一步的成就（自然，就我们看，这成就也是荒唐和可笑的）。这两大收获，主要是在山东。

这一个时期，李白相当穷困，他说：“余亦不火食，游梁同在陈。”（《送侯十一》）是说他在开封的时期就像孔子在陈绝粮的光景。又说：“他日见张禄，绨袍怀旧恩。”（《送鲁郡刘长史迁弘农长史》）是说他在兖州接受一位去职的官吏的一件破棉袍，他竟要像战国时的张禄报答须贾似的不忘恩呢。

他也去过陕西的邠县，但是“苍苍几万里，目极令人愁”（《登新平楼》），得的是寂寞；而且，“而我竟何为，寒苦坐相仍。长风入短袂，两手如怀冰。故友不相恤，新交宁见矜”（《赠新平少年》），冻得冰冷，新旧朋友也都不帮忙——比在山东的景况还不如！

他似乎到过现在的北京一带，但集中关于这方面留下的文字很少。他的《幽州胡马客歌》《出自蓟北门行》，是用的现成的乐府的题目，不敢说就是真的幽州、蓟北的亲身经验。只有在《经乱离后天恩流夜郎忆旧游书怀赠江夏韦太守良宰》一诗中，有“十月到幽州，戈鋋若罗星。君王弃北海，扫地借长鲸”的话。他已看出不抵抗的危机，可是“心知不得语”，只好走开。

在北方既不得意，他就又南下漫游了。杜甫怀想他的诗道：“渭北春天树，江东日暮云。”（《春日忆李白》）这时杜甫已经到了长安，这是在公元747年杜甫第二次入长安。李白这时四十七岁了。江东是现在江苏一带。

李白游江苏后，就又到了浙江。这也有杜甫的诗为证：“南寻禹穴（传说禹穴在会稽，就是现在绍兴）见李白，道甫问信今何如。”（《送孔巢父谢病归游江东兼呈李白》）

李白漫游江南后，就没有再和杜甫见面。杜甫对于李白也只留在回忆中。

在李白漫游在江南的时候，却又有一位崇拜他的友人赶着找他。这位友人到过开封，到过鲁南，到过江苏，跑了三千多里路，都为了找李白。但李白已经到了浙江的南部永嘉，去看谢灵运诗中所写的山水去了。当李白又回天台山（这是孙绰作《天台山赋》的地方），再到扬州时，两人才见

○ 清　王时敏　杜甫诗意图册（局部）

面。这人就是魏万。他们又一块游金陵，游了多时。很奇怪的是，这人“身着日本裘”（李白《送王屋山人魏万还王屋》），也不知为什么。他们也是“一长复一少，相看如弟兄”（魏万《金陵酬翰林谪仙子》）地友爱着。

李白也很看重魏万，说他一定有大名，叫他到那时候可不要忘了李白和李白的孩子明月奴。[①]他叫魏万替他编集子。李白最早的一个集子，就是魏万编的，虽然现在没留传下来。

这时已经到了大乱的前夕了。[②]李白的第二期漫游告了结束。李白这时五十四岁（天宝十三载，公元754年），距自长安出走，已经十一年。

在这一个期间，李白对统治集团的罪恶以及统治者的凶残面目，就又有进一步的认识。首先是穷兵黩武的侵略战争，李白非常反对。他这一方面的作品相当多；他惯常用的一种形式，是用妇女的口吻，反对丈夫出征！

> 长安一片月，万户捣衣声。
> 秋风吹不尽，总是玉关情。

---

① 魏万《李翰林集序》。

② 魏万《李翰林集序》：“解携（分手）明年，四海大盗……”

何日平胡虏，良人罢远征？

——《子夜吴歌》四首，其三

有时，他也直接写战争的惨酷，反对无意义的战争：

去年战，桑干源；

今年战，葱河道。

洗兵条支海上波，放马天山雪中草。

万里长征战，三军尽衰老。

匈奴以杀戮为耕作，古来唯见白骨黄沙田。

秦家筑城备胡处，汉家还有烽火然。

烽火然不息，征战无已时。

野战格斗死，败马号鸣向天悲。

乌鸢啄人肠，衔飞上挂枯树枝。

士卒涂草莽，将军空尔为。

乃知兵者是凶器，圣人不得已而用之。

——《战城南》

只有“不得已”而被迫抵抗的战争，李白是赞成的。这在天宝之乱时，李白的态度就更明确起来。他那时反对不抵抗政策。我们在下一章，就要提到。可是他反对侵略战争，哪怕是发动自本国。例如751年（李白五十一岁的时候）征云南一事，李白就屡次反对：

羽檄如流星，虎符合专城。
喧呼救边急，群鸟皆夜鸣。
白日曜紫微，三公运权衡。
天地皆得一，澹然四海清（本来天下无事）。
借问此何为？答言楚征兵。
渡泸及五月，将赴云南征（忽然纷纷扰扰，打起云南来了）。
怯卒非战士，炎方难远行。
长号别严亲，日月惨光晶。
泣尽继以血，心摧两无声。
困兽当猛虎，穷鱼饵奔鲸。
千去不一回，投躯岂全生？
如何舞干戚，一使有苗平（用文化教育去团结我们兄弟民族不好吗）？

——《古风》五十九首，其三十四

谁愿意征云南呢？不是老百姓，不是士兵，却是那时统治阶级贪官污吏的首领杨国忠。历史上记载，那时因为士兵不愿意去，人民生活又被他们剥削穷了，就用骗的方法。说是放赈发粮，等穷人来领粮了，就捆起来，送前线。[1]

征云南的结果怎么样呢？二十万人统统死光，没有回来的。杨国忠还捏造胜利的消息呢。过了不久，灾荒就到了当时的京城长安，物价大涨，民不聊生，李白曾写道：

云南五月中，频丧渡泸师。
毒草杀汉马，张兵夺秦旗。
至今西洱河，流血拥僵尸。
将无七擒略，鲁女惜园葵。
咸阳天下枢，累岁人不足。
虽有数斗玉，不如一盘粟。

——《书怀赠南陵常赞府》

这就是天宝之乱前夕的光景，这就是李白所暴露的现实！

像这种无意义的残酷的侵略战争，便宜的只是让一些权贵在对人民的血腥屠杀中升了官。陇右节度使哥舒翰就是这样的一个人物。这事发生在公元749年，那时李白四十九岁。李白看到功名富贵固然可爱，但这样换来功名富贵是多么可

① 《新唐书·杨国忠传》。

耻！另一方面，像李邕那样耿直的好人，受人欢迎的好人，却被当时统治者借故杖杀（用棒活活打死）了。这事发生在公元747年，李白那时四十七岁。这都是在李白离开长安，十一年的漫游中所看到的新事件。李白不能不厌弃政治活动，于是他的矛盾是逼近解决了；我们听他歌道：

昨夜吴中雪，子猷（晋时王子猷爱吃酒赏雪）佳兴发。

万里浮云卷碧山，青天中道流孤月。

孤月沧浪河汉清，北斗错落长庚明。

怀余对酒夜霜白，玉床金井冰峥嵘。

人生飘忽百年内，且须酣畅万古情！

君不能狸膏金距学斗鸡，坐令鼻息吹虹霓（帮闲的一群）。

君不能学哥舒，横行青海夜带刀，

西屠石堡取紫袍（帮凶的一群）！

吟诗作赋北窗里，万言不直一杯水。

世人闻此皆掉头，有如东风射马耳（旧社会里，作家是不能得到应有的尊重的）。

鱼目亦笑我，谓与明月（珠名）同。

骅骝（好马）拳跼不能食，蹇驴（跛脚驴子）得志鸣春风。

《折杨》《皇华》（坏的歌曲）合流俗，晋君听琴枉清角。

巴人谁肯和《阳春》（好的歌曲没人听），楚地由来贱奇璞（好的玉石被人贱视）。

黄金散尽交不成，白首为儒身被轻。

一谈一笑失颜色，苍蝇贝锦喧谤声（引用《诗经》）。

曾参岂是杀人者？谗言三及慈母惊（用曾参的故事，说自己生活在流言中伤里）。

与君论心握君手，荣辱于余亦何有？

孔圣犹闻伤凤麟，董龙更是何鸡狗（董龙是坏人，被杀）！

一生傲岸苦不谐，恩疏媒劳志多乖。

严陵高揖汉天子，何必长剑拄颐事玉阶（何必一定做官）？

达亦不足贵，穷亦不足悲！

韩信羞将绛灌比，祢衡耻逐屠沽儿（不愿意同流合污）。

君不见李北海（李邕），英风豪气今何在？

君不见裴尚书，土坟三尺蒿棘居（指裴敦复，也是被杖杀的，与李邕同时遇难，都是李林甫玩的把戏）？

少年早欲五湖去，见此弥将钟鼎疏（早就想逃避当时恶浊的政治旋涡，现在更有决心了）。

——《答王十二寒夜独酌有怀》

李白认识了统治者的凶残面目和统治集团的丑态，不能不更有所觉悟了。还是宁过漫游、流浪的日子吧。

可是，当李白漫游到宣城（安徽南部）的时候，矛盾所丛集的天宝之乱爆发了。

六　天宝之乱和永王璘的一幕

——李白的爱国思想

天宝之乱的这一年（公元755年），李白五十五岁了。

天宝之乱，无疑是由于唐代的统治者唐明皇以及他的周围像杨国忠、王鉷这般横征暴敛（他们都掌管过财政）的贪官污吏所招致的。我们知道王鉷的成绩是“务为割剥以求媚，中外嗟怨”[①]，杨国忠呢，是因为能“聚敛骤迁”[②]，那就是因为长于剥削而很快升官的。从前已经有人论及天宝之乱的一大原因是阶级矛盾的加深，而杨国忠是有责任的了：“刻下民以厚敛，张虚数以献状；上心荡而益奢，人望怨而成祸。……宇文融首唱其端，杨慎矜、王鉷继遵其轨，杨国忠终成其乱。仲尼云：宁有盗臣而无聚敛之臣。诚哉是

① 《资治通鉴》，卷二百一十五。

② 《资治通鉴》，卷二百一十六。

言！”[①]

杨贵妃又有三姊妹，嫁给崔家的称韩国夫人，嫁给裴家的称虢国夫人，嫁给柳家的称秦国夫人，唐明皇称她们为姨。这三位姨，专受贿赂，奢侈无度。她们盖一所房子，动不动就是几千万。看见别人盖得好的，就把自己盖的拆了，另盖。别人有的房子，也常去霸占。[②]杨国忠就是给这般人当账房。

安禄山的势力是怎样起来的呢？那是由李林甫故意培植起来，作为自己政治斗争的本钱的。他用来和杨国忠作对。这都是统治阶级内部斗争，结果招来了外祸，人民遭殃。

后来王鉷死了，李林甫死了，大权归了杨国忠。杨国忠既然那样，所以安禄山就以讨伐杨国忠为名，乘机蹂躏中原。

在这样腐败的政治底下，官吏是很少抵抗的。安禄山在755年十一月在范阳（现在北京一带）起兵，第二年六月就攻入了长安。到了危急的时候，人民要逃难了，杨国忠却还想把桥烧毁，他是至死与人民为敌的。士兵因为杨国忠的关系，不但不肯作战，连保护唐明皇的性命去逃难也不肯。终于压不过士兵的愤怒，杨国忠是被碎割了，三夫人也被士兵

①② 《资治通鉴》，引苏冕的话。

唐　张萱　虢国夫人游春图（局部）

杀了，杨贵妃则由于将士的请求而被绞死。这样，才多少平了人民的怨恨，唐明皇得以逃到四川。

唐明皇统治集团的罪恶固然大，可是人民更不愿意受野蛮的外族的残害。老百姓都不赞成唐明皇不抵抗。老百姓曾对唐明皇说："您的宫殿在这里，您祖宗的坟墓在这里，您怎么舍了不管，要到哪里去呢？"但唐明皇终于不肯，于是叫太子出来应付。老百姓说："皇帝既不肯留，我们愿意带领子弟跟从殿下，收复长安。如果你们都到四川，中原的百姓怎么办？"一会儿的工夫，就有好几千老百姓聚集起来了。可是太子也还是不肯，说要侍候唐明皇。[①]最后折中了，唐明皇还是逃到四川，太子退到灵武（在现在宁夏的南部）。灵武是那时的国境西北边儿上。这个太子就是即位于灵武的肃宗。这时是天宝之乱的第二年。

这时李白的态度怎样呢？他是完全站在当时一般老百姓的一边儿，反对唐明皇等的不抵抗主义的。他愤恨地说：

汉甲连胡兵，沙尘暗云海。
草木摇杀气，星辰无光彩。
白骨成丘山，苍生竟何罪？

① 《资治通鉴》，卷二百一十八。

函关（潼关）壮帝居，国命悬哥舒（哥舒翰）。

长戟三十万，开门纳凶渠（那个以屠杀起家的哥舒翰也是一个不抵抗主义者，以三十万大军不能抵抗，自己投了降）。

公卿奴犬羊，忠谠醢与菹（大批官僚投降，爱国主义者的好人被杀）。

二圣出游豫（两个天子，一父一子，倒逃掉玩儿去了），两京遂丘墟（东京洛阳，西京长安，成了一片瓦砾）！

——《经乱离后天恩流夜郎忆旧游书怀赠江夏韦太守良宰》

这就是统治者干的好事！真是“苍生竟何罪”“白骨成丘山”！

唐明皇逃到四川，李白也是以为非常不妥的。他的有名的《蜀道难》，即是一篇政治性的讽刺诗。[①]其中说："嗟尔远道之人胡为乎来哉？"（来干什么呢？）"所守或匪亲，化为狼与豺。"（如果不抵抗，还不是和潼关一样吗？）"锦城虽云乐，不如早还家！"（不要再在成都享乐了！）"侧身西望长咨嗟！"（想到他们，真觉可以愤叹呵！）

李白写这次变乱的惨状，有这样的话："逆胡窃号，剥乱中原。虽平嵩丘、填伊洛，不足以掩宫城之骸骨；决洪河、洒秦雍，不足以荡犬羊之膻臊。毒浸区宇，愤盈穹旻。"原因呢，李白也是看得清楚的，他也认为这是上层极度剥削的结果，他的话是："贼臣杨国忠，蔽塞天聪，屠割黎庶；女弟（杨贵妃）席宠，倾国弄权。九土泉货，尽归其室（把全国的财富，都剥削到这般大家族手里）。怨气上激，水旱荐臻；重罹暴乱，百姓力屈。"他指明唐明皇有抵抗的责任："去元凶者，非陛下而谁？"（均见《为宋中丞请都金陵表》）

---

① 关于这首诗的意义，曾有四种看法，有说是为严武危害杜甫而作的（范摅《云溪友议》），有说是为章仇兼琼而作的（沈括《梦溪笔谈》），有说是没有用意，只是用古乐府的旧题的（胡震亨《李诗通》），有说是为唐明皇逃蜀而作的（萧士赟《分类补注李太白集》），我们采取最后一种说法。因为，这篇绝对是有政治意义的作品，又和李白主张抵抗的见解相符，不可能是其他动机。至于唯一可疑的是传说贺知章见过此诗（孟棨《本事诗》），认为创作时代应在前，但这传说根本不可靠，《蜀道难》也可能写过两次，而此篇则为唐明皇逃蜀时作。

李白这时的心情是异常沉重的，他严肃起来了，悲愤起来了，他说：

> 函谷如玉关，几时可生还？
> 洛阳为易水，嵩岳是燕山（这些地方失陷了，原是国内的，现在变为国境了）。
> 俗变羌胡语，人多沙塞颜。
> 申包唯恸哭，七日鬓毛斑（像亡国的申包胥一样，连哭七天，把头发愁白了）。
>
> ——《奔亡道中》五首，其四

于是李白热切地很想收复中原：

> 匡复属何人，君为知音者！
>
> ——《赠常侍御》

> 抚剑夜吟啸，雄心日千里。
> 誓欲斩鲸鲵（指安禄山），澄清洛阳水！
>
> ——《赠张相镐》二首，其二

> 尔为我楚舞，吾为尔楚歌。

且探虎穴向沙漠，鸣鞭走马凌黄河。
耻作易水别，临歧泪滂沱。
——《留别于十一兄逖裴十三游塞垣》

过江誓流水，志在清中原。
拔剑击前柱，悲歌难重论！
——《南奔书怀》

李白的爱国主义的情感是这样浓烈，以至于使他参加了永王璘的事件。这是李白最后一次的政治活动。但这一次政治活动，和前一次，在动机上有着本质的不同了。上次是为功名富贵，为个人（至少这方面的成分大些），这一次却是基于爱国思想了。

永王璘是唐明皇的第十六子。这时唐明皇命他为山南东路及岭南、黔中、江南西路四道节度采访等使，江陵郡大都督。意思是让他保卫东南。他于是率师东下。但这是唐明皇的意思。唐肃宗却另有一个想法，怕永王璘一旦在江南立足，就可能和自己争天下，所以当肃宗看到他真要东下了，便命他回川，要他伺候唐明皇。他没有服从。在他率军到达庐山的时候，由于李白的大名和志愿，便把李白请去了。

后人对这事很有不同的议论。[1]但我们首先考察当时的情势，东南一带是一个三不管的地方：

二帝巡游俱未回，五陵松柏使人哀。
诸侯不救河南地，更喜贤王远道来。
——《永王东巡歌》十一首，其五

李白的参加也确乎基于爱国主义的思想：

三川北虏乱如麻，四海南奔似永嘉（西晋末年）。
但用东山谢安石，为君谈笑静胡沙。
——《永王东巡歌》十一首，其二

试借君王玉马鞭，指挥戎虏坐琼筵。
南风一扫胡尘静，西入长安到日边。
——《永王东巡歌》十一首，其十一

① 蔡宽夫《渔隐丛话》说："太白之从永王璘，世颇疑之。……太白岂从人为乱者哉?"这还是把永王璘认为是叛乱的。给《李翰林分体全集》作序的王穉登就更进了一步，说："指永王璘之事为从逆，嗟乎！……夫璘非逆而从璘者乃为逆乎?"王穉登的见解是更正确的。李白自己的诗固然有"空名适自误，迫胁上楼船"（《赠江夏韦太守》）的话，仿佛是被胁迫，但这和李白其他作品所说不符，可能是因为惧祸才这样掩饰的。

〇 元 黄公望 富春山居图（局部）

胡沙惊北海，电扫洛阳川。

……

英王受庙略，秉钺清南边（永王璘）。

……

宁知草间人（自己），腰下有龙泉（剑名）。

浮云在一决，誓欲清幽燕。

愿与四座公，静谈金匮篇（兵法）。

齐心戴朝恩，不惜微躯捐。

所冀旄头灭，功成追鲁连（和平恢复时，即身退）。

——《在水军宴赠幕府诸侍御》

至于永王璘的军队是不是好呢？从《永王东巡歌》第三首看：

雷鼓嘈嘈喧武昌，云旗猎猎过寻阳。

秋毫不犯三吴悦，春日遥看五色光。

军队也是好的。那么，李白为爱国，为想收复失地，参加了这么一支敢于准备抗敌的好军队，想在其中出个主意，以便达到报国的目的，又有什么不好呢？李白在集中对唐明皇有讽刺，有微词，可是对永王璘却没有一句坏话，大概永王璘的为人也不坏了。据当时的诗人元结在《为董江夏自陈表》中说："顷者潼关失守，皇舆不安，四方之人，无所系命。及永王承制，出镇荆南，妇人童子，忻奉王教。"（《元次山集》卷十）也可见永王璘的行动是符合当时人民的要求的。五代时南唐李昪在开国时也以自称永王璘的后人为号召（见《旧五代史》），更可见永王璘在人们心目中的信仰。

永王璘本来想占有南京，或者成为像东晋一个局面的。[①]这原也没有什么不好，而且在当时是可能发展成这个样子的。但是当时对外退让的统治者，对内却是不肯让步的。在永王璘没有服从唐肃宗的调动回川以后，马上就宣布了高适为淮南节度使，来瑱为淮南西道节度使，加上原来的江东节度使韦陟，对永王璘采取了三面包围的形势。这样一来，摩擦是不能避免的。一有借口，就可动手。果然不到两个月的工夫，永王璘就被消灭了。这时是757年的二月。

大概永王璘的内部也不团结，所谓"主将动谗疑，王师忽离叛"，因而，"宾御如浮云，从风各消散"（《南奔书怀》），大家便都各自逃散了。永王璘是被追兵杀掉的——于是永王璘被称为"造反"，而李白也成了政治犯。

① 《资治通鉴》，卷二百十九。

李白下在浔阳狱中。当时被捕的一定很多，由李白的诗便可想见：

> 邯郸四十万，同日陷长平（秦将白起曾坑赵降卒四十万于长平）。
>
> 能回造化笔，或冀一人生！
>
> ——《系寻阳上崔相涣》三首，其一

他这时非常悲愤，他写有《万愤词投魏郎中》，其中有这样的话：

> 兄九江兮弟三峡，悲羽化之难齐。
>
> 穆陵关北（山东）愁爱子，豫章天南（江西南昌）隔老妻。
>
> 一门骨肉散百草，遇难不复相提携。
>
> ……
>
> 好我者恤我，不好我者何忍临危而相挤。

他知道他的妻子一定在营救他：

> 闻难知恸哭，行啼入府中。

多君同蔡琰，流泪请曹公（蔡琰曾向曹操营救她的丈夫董祀）。

知登吴章岭（和庐山相连的一个山岭），昔与死无分。

崎岖行石道，外折入青云。

相见若悲叹，哀声那可闻！

——《在寻阳非所寄内》

由于多方面的帮助，尤其是那时御史中丞宋若思的力量，把他释放了。宋若思把他邀至幕府，并想把他推荐给朝中，但由于唐肃宗忌恨李白参加永王璘事变，这推荐并没有任何反响。这时李白五十七岁了。

也就在这一年九月，唐肃宗收复了长安。但这一次的收复是可耻的，因为，借助的是回纥兵，而且约定：打开城的时候，土地和上等人士归唐，金银布帛和壮丁妇女归回纥。[①]这像什么话？牺牲一切，为换得统治权！

在收复长安的情形下，统治者该对李白好些了吧。并不然，统治者越得势，对人民却是越压迫的。第二年，就仍然为了永王璘的事件，要把李白流放到夜郎（现在贵州遵义一

① 《资治通鉴》，卷二百二十。

带）去。

在这几年中间，和李白同时的诗人王维，是曾一度为安禄山捉了去，当了伪官，幸亏他弟弟王缙是大官，才没判罪。杜甫呢，则回过陕北的家，也曾陷入贼中，却又找到唐肃宗，经过颠沛流离，这时又回到长安。这时杜甫十分不放心李白，在听不到李白的消息中，曾写《不见》一首：

不见李生久，佯狂真可哀。
世人皆欲杀，吾意独怜才。
敏捷诗千首，飘零酒一杯。
匡山读书处，头白好归来。

他总以为李白也许死了，就又有《梦李白》二首：

死别已吞声，生别常恻恻。
江南瘴疠地，逐客无消息。
故人入我梦，明我常相忆。
恐非平生魂，路远不可测。
魂来枫林青，魂返关塞黑。
君今在罗网，何以有羽翼？
落月满屋梁，犹疑照颜色。

明　陈裸　画王维诗意图（局部）

水深波浪阔，无使蛟龙得！

浮云终日行，游子久不至。
三夜频梦君，情亲见君意。
告归常局促，苦道来不易。
江湖多风波，舟楫恐失坠。
出门搔白首，若负平生志。
冠盖满京华，斯人独憔悴。
孰云网恢恢，将老身反累。
千秋万岁名，寂寞身后事！

这简直像挽歌了。杜甫现在对于李白，是了解得更多了些。“若负平生志”，知道李白原也有些抱负，并不只是痛饮狂歌，飞扬跋扈的。这是因为杜甫也年纪大了，阅历多了。

可是李白并没有死。他在还没有到达夜郎，只到了巫山三峡的时候，就被赦了。这也不是由于对李白有什么新的认识，而是由于立太子要大赦，天旱要大赦，赦是一般的赦，而李白也被赦就是了。这时是759年，李白五十九岁了。

李白死在762年。从五十九岁到死（六十二岁），这三四年期间，是他最后的漫游。这回漫游的范围，是由湖南、湖北到了江苏、安徽。

他这时已看透一切，却也憎恶一切。他说："头陀云月多僧气，山水何曾称人意。"连平素喜爱的山水也不满起来了。他愿意破坏一切："我且为君捶碎黄鹤楼，君亦为我倒却鹦鹉洲！"（《江夏赠韦南陵冰》）

他平常所羡慕的神仙，到最后也觉得不可靠："仙人殊恍惚，未若醉中真！"（《拟古》十二首，其三）

学道与从政，本是他的两大起伏矛盾的要求，最后是承认都失败了："富贵与神仙，蹉跎成两失（《长歌行》）。"

他晚年的心情是沉痛的：

门有车马宾，金鞍耀朱轮。
谓从丹霄落，乃是故乡亲。
呼儿扫中堂，坐客论悲辛。
对酒两不饮，停觞泪盈巾。
叹我万里游，飘飖三十春。
空谈帝王略，紫绶不挂身。
雄剑藏玉匣，阴符生素尘。
廓落无所合，流离湘水滨。
借问宗党间，多为泉下人。
生苦百战役，死托万鬼邻。
北风扬胡沙，埋翳周与秦。

大运且如此，苍穹宁匪仁？
恻怆竟何道，存亡任大钧！
——《门有车马客行》

痛苦到极点，于是一切认命了。

但他对于国家，却还是关怀的。在他“传闻赦书至，却放夜郎回”的时候，个人问题虽然解决，但却仍然“中夜四五叹，常为大国忧”（《赠江夏韦太守》）。而且当李白逝世的前一年（六十一岁了），李光弼出镇临淮，要和史朝义决战的时候，他还想请缨，因为病，才半道而还。他作有《闻李太尉大举秦兵为募出征东南懦夫请缨冀申一割之用半道病还留别金陵崔侍御十九韵》。李白的爱国思想和爱国行动，可说贯彻到最后的呼吸中了。

至于他晚年的漫游生活，也丝毫没有改善，依然是在流浪与寄食之中。当他流浪到安徽南部的当涂，住在他的族叔李阳冰那儿的时候，病倒了。他一生的壮志没得施展，老是漂荡，漂荡，漂荡。他惯好以大鹏自比，于是仍以大鹏自居，写下了最后的《临终歌》：

大鹏飞兮振八裔，中天摧兮力不济。
余风激兮万世，游扶桑兮挂左袂。

后人得之，传此。

仲尼亡兮，谁为出涕？

李白一生在文学上最佩服谢朓，他也就葬在谢朓所常去的青山之旁。

这就是为中国人民热爱的诗人李白的一生。他病死了，传说他是捞月而死，让他死得更有诗意些。他真死了，却又传说他没有死，隔了几百年的人还说又曾逢见他。他生前虽不得意，死后却一直是在中国人民心里被普遍地敬爱着。

七　李白的诗

——和民歌的关系，和魏晋六朝诗的关系，文学史上的地位

李白究竟是诗人，在我们谈过他的一切之后，应该谈到他的创作。他的创作是已经达到了这样的水平，中国自来讲诗的人就早已把他当作了我们的古典诗人之一，当作了诗人中的模范人物之一，是放在中国第一流诗人像屈原、杜甫的行列里了。

他的诗给人的第一个印象是自然。我们试读：

海客乘天风，将船远行役。
譬如云中鸟，一去无踪迹。

——《估客行》

横江馆前津吏迎，向余东指海云生。
“郎今欲渡缘何事？如此风波不可行！”

——《横江词》六首，其五

白发三千丈，缘愁似个长。
不知明镜里，何处得秋霜？

——《秋浦歌》十六首，其十五

青天有月来几时？我今停杯一问之。
人攀明月不可得，月行却与人相随。
皎如飞镜临丹阙，绿烟灭尽清辉发。
但见宵从海上来，宁知晓向云间没？
白兔捣药秋复春，嫦娥孤栖与谁邻？
今人不见古时月，今月曾经照古人。
古人今人若流水，共看明月皆如此。
唯愿当歌对酒时，月光常照金樽里。

——《把酒问月》

水入北湖去，舟从南浦回。
遥看鹊山转，却似送人来。

——《陪从祖济南太守泛鹊山湖》三首，其三

南宋 马远 水图卷（局部）

玉壶系青丝，沽酒来何迟？
山花向我笑，正好衔杯时。
晚酌东窗下，流莺复在兹。
春风与醉客，今日乃相宜。

——《待酒不至》

两人对酌山花开，一杯一杯复一杯。
我醉欲眠卿且去，明朝有意抱琴来。

——《山中与幽人对酌》

对酒不觉暝，落花盈我衣。
醉起步溪月，鸟还人亦稀。

——《自遣》

都到了自然可惊的地步。经验告诉我们，大凡初读诗的人，没有不喜欢李白的，一接触就喜欢，对杜甫，就必须阅历深了，读书多了，年纪大些了，才能爱好。原因就在李白除了那样磅礴的气魄，创造的诗境之外，又用了这样明白如话的句子，读起来，就像我们自己嘴里哼出来似的。“清水出芙蓉，天然去雕饰”，古人就已经用李白自己的诗句来称道李白了。[①]

我们试进一步分析，他之所以能达到这样可惊的自然的地步，大概一由于他那“明月直入，无心可猜”（《独漉篇》）的坦白直爽的性格，二由于他肯向民歌学习，一如他肯和民众做朋友（像村人汪伦、善酿纪叟等）。他向民歌学习的证据是：在他现在的全集中，诗文合在一起，一共近一千篇，其中有一百五十篇是乐府，那就是差不多占六分之一，其他近于乐府的歌行还不算。乐府大部分正是民歌。

以李白所写的乐府论，虽然采取旧题，大都在主题上有了新的创造。例如《行行游且猎》，古人是讲皇帝游猎的，李白就拿来写边城儿的游猎；《乌夜啼》本只是叙离别的，李白就拿来写浓厚的反对侵略战争思想；《前有樽酒行》本是祝宾主长寿的，李白就拿来写及时行乐的情感；《独漉篇》原是为父报仇的，李白却拿来写为国雪耻。

李白对于民歌是熟悉、了解，而且能采用得很好的。像：

孔雀东飞何处栖，庐江小吏仲卿妻。

① 《渔隐丛话》引王安石语。

为客裁缝石自见，城乌独宿夜空啼。

——《庐江主人妇》

这就是把两首民歌——《孔雀东南飞》和《翩翩堂前燕》的《艳歌行》——合写而成。像“缫丝忆君头绪多”（《荆州歌》），就是采取民歌的表现方式——谐音，用“丝”来代“思”的。像“博山炉中沉香火，双烟一气凌紫霞”（《杨叛儿》），这是了解到《古杨叛曲》中的“欢作沉水香，侬作博山炉”之性爱的隐语——也是民间习惯的表现方式，而更明显地写作“双烟一气”的。无怪乎明代的批评家杨慎说“乐府之妙思益显，隐语益彰”了。因此，他自己的一部分创作也就和民歌无别了：

裂素持作书，将寄万里怀。
眷眷待远信，竟岁无人来。
征鸿务随阳，又不为我栖。
委之在深箧，蠹鱼坏其题（信封写名的地方）。
何如投水中，流落他人开？
不惜他人开，但恐生是非。

——《感兴》八首，其三

从前人也很知道李白的诗是近于民歌。说他“趋风”[1]，说他“与汉魏乐府争衡”[2]，正是指出他和《诗经》中的民谣部分接近，和包含民歌最多的汉魏乐府接近的。李白的绝句最有名，有的批评家并认为在这方面杜甫都要让步[3]，可是绝句的根源还是乐府[4]，亦即主要来源还是民歌。李白特别擅长乐府，我们又可以从下列一个事实看出来，就是传说他在五十九岁的时候，因为看见十一岁的韦渠牟有作诗天才，便特别“授以古乐府之学”[5]。

我们可以完全肯定地说，李白在诗的创作上有那样高的成就，向民间文艺学习是一个重要的因素。

可是我们不能忽略另一方面，这就是李白的学习是不止一方面的，和他从民歌里学习得来的自然的风格相反，他又向魏晋六朝的诗人刻苦学习。这首先表现在运用典故，也运用到纯熟可惊的地步。例如他遇见姓什么的人，就用那姓什么的古人的事情作诗：

---

① 明刘世教《合刻李杜分体全集序》。
② 黄庭坚《山谷文集》。
③ 王世贞《艺苑卮言》。
④ 明李维桢说。
⑤ 《唐诗纪事》。

亦闻温伯雪（用《庄子》温伯雪子适齐反的故事），独往今相逢。

——《送温处士归黄山白鹅峰旧居》

谁念张仲蔚（一个隐居的高士），还依蒿与蓬。

——《鲁城北郭曲腰桑下送张子还嵩阳》

西羌延国讨，白起（秦时名将）佐军威。

——《送白利从金吾董将军西征》

好鹅寻道士（王羲之的故事），爱竹啸名园（王子猷的故事）。

——《题金陵王处士水亭》

这是非把典故记熟做不到的。同时，他用典很确切，例如他用马援六十二岁时据鞍顾盼，表示还可有为，被称为矍铄翁的故事，说："愧无秋毫力，谁念矍铄翁？"（《流夜郎半道承恩放还兼欣克复之美书怀示息秀才》）那时李白也正是六十岁左右了，也正是壮心仍在的。他很能用典故来表现他浓烈的情感，像"爱子隔东鲁，空悲断肠猿"（《赠武十七谔》），这是用桓温部下杀了猿猴的儿子，而老猿伤心死去，剖开来看，肠子都断了的故事，那时正是天宝之乱，李白惦记自己的爱子的时候。李白的用典又是有创造性的，像“城崩杞梁妻，谁道土无心”（《白头吟》二首，其二），本是用王充《论衡》中指责城是土的，没有心，不会被人哭坏的，但他偏说能哭坏，可见也是有心肠了。

更有趣的，是李白非常爱用古代的神话，可是把它人情化了。“下视瑶池见王母，蛾眉萧飒如秋霜”（《飞龙引》二首，其二），西王母本是长生不老的神仙，李白却说见她的眉毛也老得白了。“麻姑垂两鬓，一半已成霜。天公见玉女，大笑亿千场”（《短歌行》），“月兔空捣药，扶桑已成薪”（《拟古》十二首，其九），这就是，天公也成了一个豪放的诗人，月亮中的兔儿也成了一个徒劳无功的傻子。李白在写乐府时，有他的创造；在运用典故时，有他的创造；在采用神话时，也有他的创造。

用典之外，就是在句法上，李白的诗里也有很深的魏晋六朝诗的烙印。这是像：

朝弄紫泥海，夕披丹霞裳。

——《古风》五十九首，其四十一

扬帆借天风，水驿苦不缓。

○ 清　袁耀　蓬莱仙境图屏（局部）

平明及西塞，已先投沙伴（谢灵运诗：投沙理既迫）。

回峦引群峰，横蹙楚山断。

砯冲万壑会，震沓百川满。

龙怪潜溟波，俟时救炎旱。

我行望雷雨，安得沾枯散。

鸟去天路长，人愁春光短。

空将泽畔吟，寄尔江南管（谢朓诗：要取洛阳人，共命江南管）。

——《流夜郎至西塞驿寄裴隐》

君还石门日，朱火始改木。

……

缘溪见绿筱，隔岫窥红蕖。

……

——《金门答苏秀才》

这就是所谓“选体诗”——像《文选》里的诗那样的体裁的。朱熹甚而说：“李太白始终学选诗，所以好。”[①]我们虽

① 《朱子语类》。

然不赞成像这样片面夸张的说法，但李白曾“学选诗”，却是没有问题的。

在魏晋六朝的诗人中，李白最佩服的诗人是大小“二谢”（谢灵运，谢朓），尤其是小谢。《梦游天姥吟留别》一诗中说：“我欲因之梦吴越，一夜飞度镜湖月。湖月照我影，送我至剡溪。谢公宿处今尚在，渌水荡漾清猿啼。脚着谢公屐，身登青云梯。”这就是写对于大谢的怀想的。对于小谢的怀想那就更多，什么“我家敬亭下，辄继谢公作。相去数百年，风期宛如昨”（《游敬亭寄崔侍御》），什么“三山怀谢朓，水澹望长安”（《三山望金陵寄殷淑》），什么“诺谓楚人重，诗传谢朓清”（《送储邕之武昌》），“谁念北楼上，临风怀谢公”（《秋登宣城谢朓北楼》），“谢亭离别处，风景每生愁。……今古一相接，长歌怀旧游”（《谢公亭》），“玄晖（谢朓的字）难再得，洒酒气填膺”（《秋夜板桥浦泛月独酌怀谢朓》），“蓬莱文章建安骨，中间小谢又清发”（《宣州谢朓楼饯别校书叔云》），真可以说是倾倒备至了。[①]

李白对于魏晋六朝的关系之密切，又可以从几件事上看出来。一是李白所用的典故之中，以魏晋六朝的事为最多。

① 清代诗人王士祯已看出这点，说他“一生低首谢宣城”（《论诗绝句》）。

二是李白常称风雅，而风雅多半是指谢安那样的气度：

> 安石在东山，无心济天下。
> 一起振横流，功成复潇洒。
> 大贤有卷舒，季叶轻风雅。
> 匡复属何人，君为知音者！
>
> ——《赠常侍御》

所以，李白所羡慕的是魏晋人的风流，李白所要达到的是六朝期间大小“二谢”的诗歌水平。无怪李白常往来于金陵，也无怪李白最后是留恋小谢所住的宣城，终于葬在谢家山水之旁了。

现在我们可以回到“清水出芙蓉，天然去雕饰”这句话了。从一方面看，未尝不可以作为他的诗的自然的倾向的证据，这自然也是对的；但从另一方面看，这两句诗是出自《经乱离后天恩流夜郎忆旧游书怀赠江夏韦太守良宰》的，上边的两句是：“览君荆山作，江鲍堪动色。”可知恰是以六朝诗人的成就赞美别人。再说“清水出芙蓉”的出处，是见于钟嵘《诗品》中所引汤惠休批评谢灵运的诗的。从此，就可知李白诗的风格，一方面是来自民歌，一方面是来自六朝，它的会合处就是“清水出芙蓉”的“清”，“诗传谢朓清”的“清”，“中间小谢又清发”的“清”。真的，李白的诗正是那样澄澈，那样朗朗然，那样明净，那样一尘不染的——这也正像他的人格，坦率潇洒，亮晶晶的！

但是，这样是不是就可以概括李白的整个诗了呢？还不够。李白的诗又有一种“黄河之水天上来”的气魄，有一种天上地下的豪气，有一种给人极大的解放之感的愉快。他高兴了时，就唱道：“人生得意须尽欢，莫使金樽空对月！”（《将进酒》）不得意时，却又唱道：“抽刀断水水更流，举杯消愁愁更愁。人生在世不称意，明朝散发弄扁舟。”（《宣州谢朓饯别校书叔云》）我们在他的诗里，是像听到“为我一挥手，如听万壑松”（《听蜀僧濬弹琴》）那样的琴声；是像见到“墨池飞出北溟鱼，笔锋杀尽中山兔”（《草书歌行》）那样的书法。他仿佛很超然，像带我们远离人世，但又马上让我们接触现实，悲愤地关切到人民的灾难：

西上莲花峰，迢迢见明星。
素手把芙蓉，虚步蹑太清。
霓裳曳广带，飘拂升天行。
邀我登云台，高揖卫叔卿（古时的仙人）。
恍恍与之去，驾鸿凌紫冥。
俯视洛阳川，茫茫走胡兵。

○ 清 王翚 仿古山水册（局部）

流血涂野草，豺狼尽冠缨。

——《古风》五十九首，其十九

当我们读到“五花马，千金裘，呼儿将出换美酒，与尔同销万古愁”（《将进酒》），或者“落日欲没岘山西，倒着接䍦花下迷。襄阳小儿齐拍手，拦街争唱《白铜鞮》。傍人借问笑何事，笑杀山公醉似泥。鸬鹚杓，鹦鹉杯，百年三万六千日，一日须倾三百杯。……清风朗月不用一钱买，玉山自倒非人推”（《襄阳歌》），就让人有一种精神上的解放的痛快。

只有把这三点统统把握到：接近民歌，学习六朝，自具像“万马奔腾”“黄河一泻千里”的诗境，才能见出他的诗的特色。

通常有一个误会，以为杜甫的诗靠学力，李白的诗靠才气。其实不然。杜甫的才气也并不小，而李白的学力也是很深的。我们敢确切地说，李白在诗上是经过一个刻苦的学习阶段，而且时时继续地刻苦学习着的。现在的集子中，有很多作品，是属于习作的性质，如《白纻词》学鲍照，《邯郸才人嫁为厮养卒妇》学谢朓，《陌上桑》学古乐府，《古意》也是学古乐府，而《学古思边》，更明白标出是一种习作了。我们还看到他先有小篇的练习，又逐渐组织成大篇的痕迹，如《襄阳曲》原是四首短歌，而《襄阳歌》就是大篇了；如《送友人入蜀》，原是简单地形容蜀道之难的，但到了《蜀道难》，就尽量发挥了。再像崔颢写的《黄鹤楼》诗，李白曾一度模仿了作《题鹦鹉洲》，再度模仿了作《登金陵凤凰台》，他是不惜学习、学习，再学习的。

李白非常喜欢读书。他在宫廷里，不忘读书，所谓“片言苟会心，掩卷忽而笑”（《翰林读书言怀呈集贤诸学士》），简直读傻了。他在监狱里不忘读书，《送张秀才谒高中丞》一诗的序上就说：“余时系寻阳狱中，正读《留侯传》。”

他常常背诵古人的诗句，背诵时并加赞扬。像“我乘素舸同康乐（谢灵运），朗吟清川飞夜霜。昔闻牛渚吟五章，今来何谢袁家郎（袁宏）”（《劳劳亭歌》），“解道澄江净如练（谢朓的诗句），令人长忆谢玄晖”（《金陵城西楼月下吟》），“我吟谢朓诗上语，朔风飒飒吹飞雨（谢朓诗：‘朔风吹飞雨’）。……顿惊谢康乐，诗兴生我衣。襟前林壑敛暝色，袖上云霞收夕霏”（《酬殷佐明见赠五云裘歌》，“林壑敛暝色，云霞收夕霏”都是谢灵运诗句），“登舟望秋月，空忆谢将军（谢尚）。余亦能高咏，斯人不可闻”（《夜泊牛渚怀古》），“北堂见明月，更忆陆平原”（《题金陵王处士水亭》，陆机诗：“安寝北堂上，明月入我牖。”）。可知他记得很熟，并常常念道。

这都证明他的诗曾经过一段苦功夫。不用说，如果他单凭才气，诗中的典故是不会那样纯熟而恰当的。传说他“三拟《文选》，不如意，辄焚之，唯留《恨赋》”[①]，这个传说相当有真实性，不但见他有刻苦的学习过程，而且见他学习的重要内容之一曾经是《文选》——这又可以帮助我们理解他和六朝的关系了。

就文学史的见地说，李白在诗上是继续着他的前辈陈子昂（656—698）的复古运动的。陈子昂瞧不起齐梁所传下来卑弱的诗，他想恢复到三国时建安的风格上去。他作有《感遇诗》三十八首，就是实现他的主张的。李白也有同样主张，尤其到了晚年，他说“自从建安来，绮丽不足珍”（《古风》五十九首，其一），而他的《古风》五十九首，也就是实践。唐代诗的复古运动，可说由陈子昂开了端，到李白就声势浩大了。在这种意义上，李白在诗里的地位，是相当于散文方面的韩愈的。所以韩愈也就在这种基于同情的估价上，赞扬李白，并说“国朝盛文章，子昂始高蹈”（《荐士》），那也是认明李白的事业，是基于陈子昂而做了进一步的发展。

① 段成式《酉阳杂俎》。

不过诗的主张是一回事，而诗的实际成就又是一回事。李白在诗的实际成就上是吸取了民歌的长处，吸取了六朝诗人的成绩（却扬弃了六朝人卑弱的风格），以“黄河之水天上来”的独自的气魄，而与我们相见的。所谓恢复建安，也只是一个口号而已。所以，我们与其认为李白是复古，不如说是创新——在民歌和六朝的基础上创新。

就李白的前后看，他的先驱是陈子昂，如我们上面所说。再往前，应该追溯到西晋的左思，和西晋东晋之交的郭璞。在事业心上，尤其追慕像鲁仲连那样的事业上，李白像左思；在热心求仙学道而又浓挚地关切人世上，李白像郭璞。更往前，像李白这样的情感与理智的交织，入世出世的苦闷矛盾，执着而又超脱，那就像屈原。往以后看，能学李白的诗的并不多，欧阳修虽崇拜李白，但究竟和李白相同处少。反之，杜甫却在更广阔的面上，使许多人追踪着了！

八　简单的结论

李白是这样的诗人：在一生长期的流浪中，从政和学道是他基本的矛盾（他的人格是相当复杂的，矛盾也是多方面的），可是由于眼见统治阶级的腐烂凶残，这矛盾逐渐解决（自然不是很理想地解决），他厌弃了从政，而学道也终归幻灭，最后他逃避于酒。封建社会中对文人是没有正当的尊重的，而且，在那时候的条件下，他也不可能当一个职业作家，虽然人民仍是喜爱他。他的苦闷和不幸是一般封建社会底下文人的苦闷和不幸。

李白是这样的一个诗人：经过天宝之乱，在情感上，他和人民更接近了一步，他不赞成侵略战争（哪怕是发动自本国，例如征云南）；反抗侵略他却认为是应该的。他晚年的作品更表现了他的爱国思想。他也歌颂过劳动人民，像他的“炉火照天地，红星乱紫烟。赧郎（歌声）明月夜，歌曲动寒川”（《秋浦歌》十六首，其十四），就是写当地的矿工的；他也关怀劳动人民的生活，“田家秋作苦，邻女夜舂寒”（《宿五松山下荀媪家》），“吴牛喘月时（大热天），拖船一何苦。水浊不可饮，壶浆半成土。……万人系磐石，无由达江浒”（《丁都护歌》）；他更赞成有利于人民的工程建设事业，“齐公凿新河，万古流不绝。丰功利生人，天地同朽灭”（《题瓜洲新河饯族叔舍人贲》）。当然，这类作品在他全部创作中占的比重并不太大。在劳动人民中他也结交了朋友，他对他们流露了深厚真挚的情感，“李白乘舟将欲行，忽闻岸上踏歌声（就是秧歌）。桃花潭水深千尺，不及汪伦送我情”（汪伦是一个农民），“纪叟黄泉里，还应酿老春（酒名）。夜台无晓日，沽酒与何人?”（《哭宣城善酿纪叟》，纪叟是一个卖酒的。）

李白是这样的一个诗人：他的人格虽然复杂，也有一些小毛病，例如夸大，自居优越，凭恃自己的才气，又有时把享乐放在第一位，甚而不免时而留恋并向往上层统治阶级的生活，但是他有极其优良高贵的品质，这就是坦率潇洒，“明月直入，无心可猜”（《独漉篇》），他决不使用害人的小心眼儿；他常是乐观的，“我觉秋兴逸，谁云秋兴悲”（《秋日鲁郡尧祠亭上宴别杜补阙范侍御》），他不爱作儿女的哭泣；同时，他曾屡次说宁为松柏，不作桃李，“桃花开东园，含笑夸白日。……岂无佳人色，但恐花不实。……

○ 清　王翚　仿古山水册（局部）

讵知南山松，独立自萧瑟”（《古风》五十九首，其四十七），“愿君学长松，慎勿作桃李。受屈不改心，然后知君子”（《赠韦侍御黄裳》），“为草当作兰，为木当作松。兰幽香风远，松寒不改容”（《于五松山赠南陵常赞府》），“多花必早落，桃李不如松”（《箜篌谣》）。所以，他虽然受了打击，可是“空摧芳桂色，不屈古松姿”（《赠易秀才》），他的自持是这样的。

李白是这样的一个诗人：他的诗的艺术，已经达到了中国文学中的高峰，在他同时的诗人中，只有杜甫可以同他比肩，然而也是各有短长，例如他的乐府绝句，杜甫就未必能及得上，正如他的律诗，便要向杜甫低头。在他前后的诗人中，是只有像屈原那样的第一流的诗人才可以和他并提。他吸取了民歌的长处，他的乐府都有了新的创造；他善于使用民间活的语言，他善于使用民间的艺术形式；但他也刻苦地向前人学习，他时常讽诵前人的诗章，尤其是魏晋六朝间大诗人的作品。他也有诗的主张，“清水出芙蓉，天然去雕饰”（《经乱离后天恩流夜郎忆旧游书怀赠江夏韦太守良宰》），他是要求自然，要求本色的；“自从建安来，绮丽不足珍”（《古风》五十九首，其一），他是要求有力，要求大方的。他继承陈子昂复古的口号，成为唐诗黄金时代的奠基者之一；而他自己的作品，更有一种特色，那就是“黄河之水天上来”

（《将进酒》），有一种不可比拟的奔放的气魄，没有任何拘束，这是别的诗人赶不上的。

因为这样，李白是中国人民热爱的诗人。在民间传说中的印象也大致是对的（虽然程度上也许放大了些）：因为他刻苦学习，所以传说他逢见“钢梁磨绣针”的老太婆，所以传说他曾三拟《文选》；因为他有不屈的人格，所以传说他有“傲骨”，弯不下腰，而在他的事迹中，也特别称道他曾叫高力士脱过靴，这是证明他敢于嘲弄权贵的；因为他有爱国思想，所以传说他写了《吓蛮书》，那是要证明他在轻视、蔑视、仇视侵略我们的敌人！这就是人民对于李白的了解，了解中自然也包含着对于像李白那样的诗人的期待。

1951年2月1日至10日，春节中写讫
11日（农历正月初六）改毕，在北京
25日，重改毕；3月2日，三次改毕

【下篇】

道教徒的诗人李白及其痛苦

○ 元　赵孟頫　鹊华秋色（局部）

怀李太白

——为本书渝版题

周遭，原始生命力的稀薄啊！
上下，沙漠的压迫！
叫我如何不怀李太白！

真正能够大笑的人在哪里呢？
“仰天大笑出门去”，
那是李太白！

真正有大苦恼的人在哪里呢？
“人生在世不称意，
明朝散发弄扁舟”，
那是李太白！

除非李太白！
觉醒的广大的人群呀！
觉醒的深厚的民族呀！
觉醒的，独立的，活生生的生物！——人呀！
快些要求“原始的生命力”归来！

不安定的灵魂呀，
“我且为君捶碎黄鹤楼，
君亦为我倒却鹦鹉洲”，
原始生命力的奔溢呀，
我思李太白！

“我本不弃世，
世人自弃我”，
有谁这样深深的
（如尼采所说，比深夜更深的）
因为爱世人而换来的哀感的呢？

快些要求“原始的生命力”归来！
不知道爱李太白的人，

应该快快死掉吧，
因为他的生命早已枯槁。

1940年8月30日作

自　序

在我的心目中，李白是有一个活泼泼的清楚的影子在那里的。把这一个活泼泼的影子写下来，就是这本小书。

这原是我要合并起来写的关于中国五个大诗人（屈原、陶潜、李白、杜甫、李商隐）的一部大书的一部分，所以这小书中也时时以他们五个人作为对照——屈原、陶潜、杜甫、李商隐，是同样在我心目中有着活泼泼的清楚的影子的；我也一定把他们像写李白这样写下来。

现在我请求读者的是，假若你根本不看这本书，我当然没有话说，如果你看，我希望顺次序看，而且不要跳着看，小地方也要看，引的诗更要看。为什么呢？因为本书是一篇整个的有机的长文故。小地方，也关联着整个的意义。施贲格勒（Oswald Spengler）不是从些小地方看文化的形态学吗？我们何尝不可从小地方看诗人的生命流露？其次，假若你有兴致，我又愿意你一次看下去。

在我新近又重自校正了一遍之后，我很爱这本小书了，你可以看出这是一句心里的话。我之爱，是因为其中有着活泼泼的清楚的李白！我仿佛给李白拍了一个照似的，我觉得相当真，所以我情不自禁地有点沾沾自喜。

我们常读到外国很好的批评文字，那么亲切，有时像家常——自然，在家常之中，总有锐利的透视，耐人寻味的风趣。难道不能同样写中国诗人吗！为什么一写起来，就总老气横秋呢？这是我不解的。考证，我不反对，考证是了解的基础。可是我不赞成因考证，而把一个大诗人的生命活活地分割于饾饤之中，像馒头馅儿。与考证同样重要的，我想更或者是同情，就是深入于诗人世界中的吟味。这些话，我不敢说我做到，可是我是这样希望，这样想法。

书中引诗以缪本为主，有时参以王琦辑注本。

谢谢徐仲年教授，他对这本书有着兴致，又由他得以出版！

1939年11月19日，渝州

一　导论

越乎人与兽之上，我生长；
我要说——可是没人说给我。

我长，我长得寂寞了，我长这么高——
我等待——可是我什么也等待不着。

是这么近了，我离云端——
我静候着那第一次的雷，闪！

——尼采《大树之语》

秋来相顾尚飘蓬，未就丹砂愧葛洪。
痛饮狂歌空度日，飞扬跋扈为谁雄？

——杜甫《赠李白》

（一）疯狂，梦境和艺术世界的相通与相异

我有许多时候想到李白。当我一苦闷了，当我一觉得四周围的空气太窒塞了，当我觉得处处不得伸展，焦灼与渺茫，悲愤与惶惑，向我杂然并投地袭击起来了，我就尤其想到李白了。

游过泰山的人一定可以明白，一见那像牛马样大的石头，就觉得不知道痛快了多少，解放了多少。诗人李白的作品对我们何尝不是这样？说真的，他的人生和我们一般人的人生并没有太大的悬殊，他有悲，我们也有悲，他有喜，我们也有喜，并且他所悲的、所喜的，也就正是我们所悲的、所喜的。然而有一个不同，这就是他比我们喜，喜得厉害；悲，悲得厉害。于是我们就不能不在他那里得到一种扩展和解放了，而这种扩展和解放却又是在我们心灵的深处，于种种压迫之余，所时时刻刻地在期待着，在寻求着的。

像李白这样的诗人，早经有人说是疯子，或狂人了，我也不反对这句话。不但我，就是李白自己也不反对。你看他说：“我本楚狂人，凤歌笑孔丘。”这是他自己承认的；还有，在他作过“捶碎黄鹤楼”的句子之后，因为有人讥讽

他，他便又有诗道："黄鹤高楼已捶碎，黄鹤仙人无所依。黄鹤上天诉玉帝，却放黄鹤江南归。神明太守再雕饰，新图粉壁还芳菲。一州笑我为狂客，少年往往来相讥。"看他一写到"一州笑我为狂客"的时候，多么得意，多么眉飞色舞，就因为这在他是最过瘾的事呵！不过，疯子和狂人有没有价值呢？这在普通人偶尔一想，好像是没有的，其实，太不然了，我敢说任何人需要着疯子、狂人。我只揭穿一句话就够了，就是，疯子和狂人的要求乃是人人所有的要求，不过不肯说出来，不敢说出来，天天压抑着，委屈着罢了。却逢巧有人能替我们冲口说出来了，难道这不是人类的功臣吗？倘若更进一步，不但能替我们说出来，而且拣了那最要紧、最根本、最普遍的给道出来，而且再进一步，乃是把这最要紧、最根本、最普遍的要求，置之于最美妙的艺术形式之中，那么，怎么样呢？这只能说是功臣之功臣了！我们的大诗人李白，却正恰恰是其中之一，而且属于最煊赫的之一！

我们知道一般的疯子、狂人的价值，就更该知道一般的艺术作品的价值，就尤其该知道诗人李白的价值了。

我们在通常生活里，被压抑、被幽闭的已经太多。我们的生命力，我们的生命上之根本的机能和要求，本来是像汩汩的泉水似的，便也终不能一涌而出，却是日渐减削地为我们的理智、知识、机械生活、人事周旋，所毫无价值地雕琢殆尽了。可有一个地方能够为我们稍为慰藉的吗？也许有。这就是梦境了，在梦境里，我们或者可以有真情的笑，或者可以有感激的哭——在那一刹那，那算是活的自我！

疯子、狂人，有价值。梦也有价值。不过疯子和狂人，那表现是粗糙的，是没有分别、没有轻重、没有选择的，梦的表现又是支离的、破碎的、偶然的、太飘忽而不能把握的，况且苦的尤其在它是不能客观化，成为第二人同样可以用作解救的凭借的。然而满足了这所有缺憾的，却有伟大的艺术品；担承了这种工作的，便是伟大的艺术家。

（二）李白的本质：生命和生活

我说李白的价值是在给人以解放，这是因为他所爱、所憎、所求、所弃、所喜、所愁，皆趋于极端故。

你打开他的诗集吧，满满的是：

荷花娇欲语，愁杀荡舟人！

——《渌水曲》

溧阳酒楼三月春，杨花茫茫愁杀人！

——《猛虎行》

白浪如山那可渡，狂风愁杀峭帆人！

——《横江词》

五色粉图安足珍，真山可以全吾身。

若待功成拂衣去，武陵桃花笑杀人！

——《当涂赵炎少府粉图山水歌》

地白风色寒，雪花大如手。

笑杀陶泉明，不饮杯中酒。

——《嘲王历阳不肯饮酒》

月色醉远客，山花开欲燃。

春风狂杀人，一日剧三年。

——《寄韦南陵冰余江上乘兴访之遇寻颜尚书笑有此赠》

恨不三五明，平湖泛澄流。

此欢竟莫遂，狂杀王子猷。

——《答裴侍御先行至石头驿
以书见招期月满泛洞庭》

划却君山好，平铺湘水流。
巴陵无限酒，醉杀洞庭秋。
——《陪侍郎叔游洞庭醉后》三首，其三

罗袜凌波生网尘，那能得计访情亲。
千杯绿酒何辞醉，一面红妆恼杀人。
——《赠段七娘》

什么“愁杀”“笑杀”“狂杀”“醉杀”“恼杀”，这些极度的夸张的字眼，在别人是不常用的。这在一方面看，可以认为是像李白的一种口头禅似的了，在不经意之中，就总是这样夸大惯了罢了。然而在另一方面看，却可以见出有他的性格所以使之然者，正因为他内心里的要求往往是强烈的，所以他即使在不经意的时候也就如此流露而出了。

倘若说在屈原的诗里是表现着为理想（Ideal）[1]而奋斗的，在陶潜的诗里是表现着为自由（Freiheit）而奋斗的，在

① 这一段的括号内均为德语单词。——编者注

○ 清 王时敏 杜甫诗意图册（局部）

杜甫的诗里是表现着为人性（Menschlichkeit）而奋斗的，在李商隐的诗里是表现着为爱（Liebe）、为美（Schönheit）而奋斗的，那么，在李白的诗里，却也有同样表现着的奋斗的对象了，这就是生命和生活（Leben）。

就表面上看，似乎李白所表现的不是人间的，杜甫所表现的才是人间的，然而倘若更进一步看，却不禁令我们惊讶地会发现出：李白诗的人间味之浓乃是在杜甫之上的。杜甫只是客观的，只是被动的，以反映那生命上的一切。当然，杜甫的成功不谓不伟大。不过，李白却同样伟大，只是被铸造于不同的典型而已，在李白这里乃是，决不是客观地反映生活，而是他自己便是生活本身，更根本地说，就是生命本身了。

只是他要求得太强烈了，幻灭、失败得也太厉害了，于是各方面都像黄河的泛滥似的，冲决了堤岸，超越了常轨。因此一般人在他那里欣赏其过分夸张出奇者有之，得到一鳞一爪的解放者有之，但很少有人觉悟到他在根本上乃是与任何人的心灵深处最接近的。换言之，他是再普遍也没有了，甚而说是再平凡（倘若平凡不是一个坏意思）也没有也可以了（看本书下篇第六章）。有一颗滚热的心，跳跃在他每一首、每一句、每一字的作品！

我们姑且这样说吧，就质论，他其实是和一般人的要求无殊的；就量论，一般人却不如他要求得那样强大。

（三）异国的精神教养

一般人没有他要求得那样强大，这尤其和一般的中国人的生活态度相去很远。单就这一点论，他倒有点像屈原，那精神乃是有点欧洲意味的。

逢巧又是他从小生长在国外，这是一件颇耐人寻味的事。因此有人怀疑到他的国籍上去了，不过我看倒是没有好大问题的，关于他的籍贯的种种记载，我看除了后来太凭想象的以外，大都可信，而且没有冲突。因为现在我们所据的材料，除了他自己说过的话以外，可靠的就是李阳冰的《草堂集序》，魏颢[①]的《李翰林集序》，刘全白的《唐故翰林学士李君碣记》，和范传正的《唐左拾遗翰林学士李公新墓碑》。他自己的话当然是最可信的。李阳冰和魏颢也都是和李白同时代，而且很熟悉的人，尤其李阳冰，乃是李白的族叔，到李白死时，他们还在一块，他这序文，即作于宝应元

① 魏颢：即本书上篇提及的魏万，魏万是其原名，后改名魏颢。详见下篇第六章。——编者注

年十一月乙酉，也就是公元762年，这年和月就是李白死的年和月，可见是马上作的了，不会他不知道的事情，隔了多少年，后人却更能够详细起来。刘全白的《碣记》作于贞元六年（公元790年），也相隔不久，他是为崇拜李白的当涂县令顾游秦作的，当涂这地方也就是李白死的地方，因此见闻也不会太差。范传正的碑文作得稍后，在元和十二年（公元817年）正月，不过他也还见到过李白的孙女，他的先人和李白还是朋友，那么他的见闻也不能算不真切了。

李白自己在《与韩荆州书》里说“白陇西布衣”。在《上安州裴长史书》里说：“白本家金陵，世为右姓，遭沮渠蒙逊难，奔流咸秦，因官寓家。”又在《赠张相镐》的诗里说：“本家陇西人，先为汉边将。功略盖天地，名飞青云上。苦战竟不侯，富年颇惆怅。”这不但是说他的籍贯，并且还及于他的先人，看语意大概是指李广的，李广正是陇西人。他又有《送舍弟》诗：“吾家白额驹，远别临东道。他日相思一梦君，应得池塘生春草。”萧士赟关于白额驹有注，说是用凉武昭王的故事，武昭王暠，正是李广的十六世孙。金陵大概是他远祖上偶尔居住的地方罢了。那么，据他自己承认的是陇西人了。

李阳冰、魏颢、范传正的记载也都相同，只有刘全白说他是广汉人（广汉在四川，指唐代的绵州，汉时绵州属广汉郡，现在在成都以北绵阳附近)，不过这也没有大冲突，陇西是他的原籍，广汉是他的寄居。在他自己所谓遭难奔流的话，在李阳冰、范传正也都有记载，李说："……世为显著。中叶非罪，谪居条支……神龙之始，逃归于蜀。"范说："隋末多难，一房被窜于碎叶，流离散落，隐易姓名，故自国朝（唐）已来，漏于属籍。神龙初，潜还广汉，因侨为郡人。"条支、碎叶都是现在属于中亚细亚楚河（Chu River）的地方。在李白只说奔流咸秦，他们却说到条支、碎叶，我想这一看李阳冰、范传正所谓"逃归"，所谓"潜还"就可明白，大概有多少违犯禁令的意味，因此我们的诗人便不愿意直说了。

我们就现在所知道的事实论，倘若像从前人所认为的李白是纯粹受本国文化教养而生长起来的，固然是粗疏，然而像现代人所猜想他是外国人的，也不免武断，我们现在对他只有一个最近事实的看法，便是认为他是"华侨"。

唐武后长安元年（公元701年)，李白生于中亚细亚。家庭迁于广汉的时候，他已经五岁，是中宗神龙元年（公元705年）了。(生年据宋薛仲邕《年谱》，迁还之年参范、李二文。）我们明白他是华侨，我们就可了解许多事情，例如他后来能够在朝廷作《答蕃书》，证明他精通外国文字了，这在一个华侨的子弟是当然有这种方便的；又如他的小孩子有叫颇黎的，有叫明月奴的，有叫天然的，这似乎稀奇古怪了，但我们一看现在华侨家小孩的名字，什么约翰、保罗，也就觉得李白正是这种情形，很平常了。

不管李白远祖上是多么显贵的来历，但到了李白的父亲这里，大概已是迁徙流离，不遑宁居了。李白从来没谈到他的家庭，他亲密的友人也没谈到过，所以我们很少有什么凭借，用以知道他曾经受过如何的家庭教育。他很早就过一种奇异而漂泊的生活，他似乎是没有家，好像飘蓬。从这里也可以发掘他有一种隐痛，使他很深地怀着一种寂寞的哀感，支配他全生。

我虽然不赞成马上武断到李白的国籍上去，但是他这早年生长在外国，有一个华侨的资格的事，已经在他生命史上立下一个不同于普通中国诗人的基础了。他的追求格外强，他的痛苦格外深，都和这有关。

他也未尝没有国家民族的思想，（许多以为他不关怀国家民族的，只是读诗不仔细！）例如他在天宝之乱以后，就有诗道：

俗变羌胡语，人多沙塞颜。

申包唯恸哭，七日鬓毛斑。

——《奔亡道中》

不过，他不自觉地对于当时的外国有一种欣羡之感，他很赞成外国人那种野性。

边城儿，生年不读一字书，但知游猎夸轻趫。

胡马秋肥宜白草，骑来蹑影何矜骄！

金鞭拂雪挥鸣鞘，半酣呼鹰出远郊。

弓弯满月不虚发，双鸧并落连飞髇。

海边观者皆辟易，猛气英风振沙碛。

儒生不及游侠人，白首垂帷复何益！

——《行行游且猎篇》

对于女人，他便也特别神往于异国的：

五陵年少金市东，银鞍白马度春风。

落花踏尽游何处，笑入胡姬酒肆中。

——《少年行》二首，其二

此外，也还有："胡姬貌如花，当垆笑春风"（《前有樽酒行》），"胡姬招素手，延客醉金樽"（《送裴十八图南归嵩山》）。那种有慕于胡人的神情，都溢于言表。

倘若中国的儒教是相当于西洋的基督教（Christin）的话，则可以一般地说，中国诗人的思想乃多半是异教徒（Pagan）的。这异教徒的色彩顶显明的就是李白了。在别人，无论骨子里是多么反抗儒家的，但很容易披上一层儒教的外衣，我不敢说李白绝对没有，然而即便有，这外衣也是再稀薄再透明也没有了。儒教色彩曾经笼罩了陶潜，曾经遮掩了杜甫，但是却把李白几乎整个漏掉了。

李白对于儒家，处处持着一种反抗的、讥讽的态度，也不止儒家，甚而连儒家所维系、所操持的传统，李白也总时时想冲决而出。

“我本楚狂人，凤歌笑孔丘”，这不用说了。自然，他有时也以孔子自比，例如他说：“我志在删述，垂辉映千春。”（《古风》）“天未丧文，其如予何。”（《雪谗诗赠友人》）或者谦虚了说：“君看我才能，何似鲁仲尼？大圣犹不遇，小儒安足悲。”（《书怀赠南陵常赞府》）并且有时候他对孔子也颇有同情和敬意：“西过获麟台，为我吊孔丘。念别复怀古，潸然空泪流。”（《送方士赵叟之东平》）然而他对于孔子是仿佛处在一个平等的地位，这是一般拘束于儒教思想之下的人所不敢的，他对于孔子，与其说赞成，毋宁说羡慕，只是羡慕孔子的事业和地位而已。孔子在李白的心目中，远不如他所崇拜的谢朓（看本书下篇第五章）、谢安、鲁仲连（看本书下篇第四章）。

你看他对于普通的儒家吧，他一则说："拨乱属豪圣，俗儒安可通。"（《登广武古战场怀古》）再则说："鲁叟谈《五经》，白发死章句。问以经济策，茫然坠烟雾。足著远游履，首戴方头巾。缓步从直道，未行先起尘。"（《嘲鲁儒》）挖苦得真够可以了，所以他又说："予为楚壮士，不是鲁诸生。"（《淮阴书怀寄王宗成》）他的态度何等显明！

凡是一个人反抗一种东西，一定是先有一种东西占据着他才行，李白也正是这样的，这就是他的道家思想。关于这，我们不必忙着说（看本书下篇第二章、第三章）。现在所要指明的，是他有一种异国的情调主宰着他的精神，使他对于中国正统的儒家小看着，这就够了。

（四）游 侠

从"儒生不及游侠人"一句话看起来，知道李白喜欢游侠。他曾说他"十五好剑术"（《与韩荆州书》），范传正也记他"少以侠自任"。

在他的作品中，赞美游侠的，是太多了：

赵客缦胡缨，吴钩霜雪明。
银鞍照白马，飒沓如流星。
十步杀一人，千里不留行。
事了拂衣去，深藏身与名。
闲过信陵饮，脱剑膝前横。
将炙啖朱亥，持觞劝侯嬴。
三杯吐然诺，五岳倒为轻。
眼花耳热后，意气素霓生。
救赵挥金槌，邯郸先震惊。
千秋二壮士，烜赫大梁城。
纵死侠骨香，不惭世上英。
谁能书阁下，白首《太玄经》！

——《侠客行》

燕南壮士吴门豪，筑中置铅鱼隐刀。
感君恩重许君命，太山一掷轻鸿毛。

——《结袜子》

……

由来万夫勇，挟此生雄风。
托交从剧孟，买醉入新丰。

〇 南宋 赵伯驹 江山秋色图（局部）

笑尽一杯酒，杀人都市中。
羞道易水寒，徒令日贯虹。
燕丹事不立，虚没秦帝宫。
武阳死灰人，安可与成功！

——《结客少年场行》

龙马花雪毛，金鞍五陵豪。
秋霜切玉剑，落日明珠袍。
斗鸡事万乘，轩盖一何高。
弓摧宜山虎，手按太山猱。
酒后竞风采，三杯弄宝刀。
杀人如剪草，剧孟同游遨。
发愤去函谷，从军向临洮。
叱咤经百战，匈奴尽波涛。
归来使酒气，未肯拜萧曹。
羞入原宪室，荒径隐蓬蒿。

——《白马篇》

君马黄，我马白，
马色虽不同，人心本无隔。
共作游冶盘，双行洛阳陌。

长剑既照耀，高冠何赩赫。
各有千金裘，俱为五侯客。
猛虎落陷阱，壮夫时屈厄。
相知在急难，独好亦何益。

——《君马黄》

君不见淮南少年游侠客，白日球猎夜拥掷。
呼卢百万终不惜，报仇千里如咫尺。
少年游侠好经过，浑身装束皆绮罗。
兰蕙相随喧妓女，风光去处满笙歌。
骄矜自言不可有，侠士堂中养来久。
好鞍好马乞与人，十千五千旋沽酒。
赤心用尽为知己，黄金不惜栽桃李。
桃李栽来几度春，一回花落一回新。
府县尽为门下客，王侯皆是平交人。
男儿百年且乐命，何须徇书受贫病。
男儿百年且荣身，何须循节甘风尘？
衣冠半是征战士，穷儒浪作林泉民。
遮莫枝根长百丈，不如当代多还往。
遮莫亲姻连帝城，不如当身自簪缨。

看取富贵眼前者，何用悠悠身后名？

——《少年行》

在这种游侠思想里是表现着一种现实主义的，和儒家精神又正好做一个对照了：儒家叫人要名，他这里偏说用不着名；儒家说富贵如浮云，他这里偏说只要眼前富贵。李白不甘于寂寞，所以像扬雄那样“白首《太玄经》”，他是不耐的；像儒家所赞美的原宪那样安贫乐道，他是不屑的。他要钱，要酒，所以是“十千五千旋沽酒”；他要女人，所以是“兰蕙相随喧妓女”；他要穿好的，所以是“浑身装束皆绮罗”；又要朋友，所以是“赤心用尽为知己”，“三杯吐然诺”；愿意结交阔人，所以是“王侯皆是平交人”；不如意，还要杀，所以是“笑尽一杯酒，杀人都市中”，“三杯弄宝刀”，“杀人如剪草”。这都是他的理想。倘若理想达到，他一切不想，因为那便是“纵死侠骨香”了。

由于他的游侠思想，他很赞成杀人犯。你看他作的《秦女休行》，其中有“西门秦氏女，秀色如琼花。手挥白杨刀，清昼杀仇家。罗袖洒赤血，英声凌紫霞”，又有什么“犯刑若履虎，不畏落爪牙。素颈未及断，摧眉伏泥沙。……何惭聂政姊，万古共惊嗟”。可见他多么击节叹赏了。

李白什么事都很认真。例如读史，在别人不过是当典故，在他却不然，凡是历史上和他抱负相同的或者遭逢相类的，他便都好像认为是自己的事情一样。他的求仙学道是如此了，他要做谢安、鲁仲连是如此了，他的任侠也是如此。传说上称他曾经手刃数人，可见他的剑术也真正用过。他说他二十几岁的时候，在维扬（就是现在的扬州），不到一年，“散金三十余万，有落魄公子，悉皆济之”，这是他的“轻财好施”。又说他曾经同他蜀中的朋友吴指南一块游楚，指南在洞庭死了，他便大哭，像死了自己的弟兄一样，当时路旁的人没有不感动的；他守着尸首，甚而老虎来了，他都一步不退，暂且埋下；以后他到金陵，过了些日子再来看时，骨头却还好好的，他便自己又用刀剞洗了一番，又借了钱，才正式地再给葬了一个好的地方。这是他的“存交重义”。这不都是他那游侠思想的实行吗？

说到朋友，他的朋友也真是三教九流，无所不有。其中就有武侠。他在三十五岁这一年（公元735年），曾经到太原，便认识郭子仪。郭子仪这时还是一个小兵，逢巧郭子仪这时犯了法了，他便设尽方法加以援救。又如在天宝的时候吧，中原大乱，他有《赠武十七谔》诗，那序文上说：“门人武谔，深于义者也。质本沉悍，慕要离之风，潜钓川海，不数数于世间事。闻中原作难，西来访余。余爱子伯禽在鲁，许将冒胡兵以致之。酒酣感激，援笔而赠。”我们可以知道他的门人也都有武侠一流。单看这两件事，也就知道他的交游，是确乎有着这一方面了。

唐代的中华民族，的确有一点生气。真像一个新兴的少年民族似的，颇有野性，换言之，就是很有生命力。这盛况尤以开元时代为最。中国历史上的黄金时代，除了周秦，就是盛唐了。吸收与创造，物质建设与精神文明，武功与文艺，这似乎是相反的东西，然而其发达必是在同一个场合之下的，二者虽若相反，然而乃是息息相关，究极了说，乃是一种根本东西的不同表现。在外国，我们可以看希腊，他们的政治怎样，他们的教育怎样，他们那时人民的身体怎样，他们那时人民的精神怎样，科学怎样，文艺怎样，我们就大可觉悟了，原来一样发达的时候，正是别样也同样发达的时候。中国的周秦、盛唐却也恰恰似之。李白者，正是应运而生的一个时代产儿。人们之赞慕游侠，这是一种好现象，因为在游侠思想之中，充满了活力、朝气，流动着青年人的活泼泼的情感和新鲜的血液。当时也不止李白，就是杜甫、王维，也有时在诗篇中流露关于这方面的向往和憧憬了。不过，谁也没有李白那样当真，谁也没有李白那样实行，谁也没有李白那样发挥尽致！

李白和杜甫的交情，大家都知道是很深的。但是我们倘若仔细去观察的话，则这交情并不来回相等。具体地说，就是杜甫很了解李白，很担心李白，虽不能如李白那样做法，但是很能同情李白，欣赏李白，又能深深地跳入李白的世界之中，而吟味李白，观照李白；反之，李白对杜甫并不能这样，李白看着杜甫很泛泛，他不甘于做杜甫，也不热心杜甫那样的性格和生活。我们由后来人的眼光看，自然是杜甫的精神可以包容李白，而李白不能包容杜甫了，就当时论，却实在可以说杜甫很瞧得起李白，而李白却并不同样看杜甫的。这关系在什么地方呢？就在李白有他的游侠思想，对于“儒冠多误身”的人物很有点唾弃之故。

不过我们不能因此就断言李白比杜甫浅薄，这因为他们的精神形式实在不同故。在杜甫，深而广，所以能包容一切；在李白，浓而烈，所以能超越所有。他们都达于极致了，同是文艺的极峰，同是人类的光辉！静夜有静夜的美，白昼有白昼的美，在孔子和屈原，我们不能轩轾于其间了，在杜甫与李白，我们也不能有所抑扬。

很显然地，在游侠思想里，有一种犯罪心理的成分。这是不错的。只是，我也正要说了，人生的黑暗一方面，正足以见出人之所以为人来。所以，什么死啦，病啦，犯罪啦，这是人生最黑暗的角落。但是注意吧，不懂死，决不能懂生；不懂病，决不能懂康健；不懂犯罪，决不能懂圣洁。朵思退益夫斯基[1]（Dostojewskij）为什么要解剖人类的灵魂而专解剖到罪人上去？道理就在这里了。原来，就恰恰是那令人犯罪的同一生命力，乃是令人到达圣洁上去的。这种道理在西洋人是很懂得的，至少歌德（Goethe）、托尔斯泰（Tolstoi）很懂得，因为前者有《浮士德》，后者有《复活》。一般中国人却不很了然，尤其受了中国的传统深的人更不容易了然。

李白当然也不知其所以然，不过他能发挥其当然。他直接地说要钱，要酒，要女人，要功名富贵，要破坏，要杀，所以我说李白在诗里所表现的，就是为生活而奋斗，为生命而战的——其中有一种强烈的欲求在，这首先表现于他的游侠思想上！

（五）所谓豪气

现在让我有机会谈到一般人对于李白所感到的豪气。豪气是什么呢？就是一种居高临下的态度，用一句成语说，就是以大观小，李白是颇有的。

① 朵思退益夫斯基：现通译为陀思妥耶夫斯基，19世纪俄国作家。——编者注

我们从他的作品以接近他的精神，觉得他处处有涌溢而出之势：

帝子隔洞庭，青枫满潇湘。
怀归路绵邈，览古情凄凉。
登岳眺百川，杳然万恨长。

——《留别曹南群官之江南》

既然所谓居高临下，所谓以大观小，其中自不能少却自负的意味，这在李白当然也很多：

太公渭川水，李斯上蔡门。
钓周猎秦安黎元，小鱼鵕兔何足言？
天张云卷有时节，吾徒莫叹羝触藩[1]。
于公白首大梁野，使人怅望何可论。
既知朱亥为壮士，且愿束心秋毫里。
秦赵虎争血中原，当去抱关救公子。
裴生览千古，龙鸾炳天章。

① 羝（dī）触藩：比喻进退两难，处境困顿。羝，公羊。语出《周易·大壮》："羝羊触藩，羸其角。"——编者注

悲吟雨雪动林木，放书辍剑思高堂。
劝尔一杯酒，拂尔裘上霜。
尔为我楚舞，吾为尔楚歌。
且探虎穴向沙漠，鸣鞭走马凌黄河。
耻作易水别，临歧泪滂沱。

——《留别于十一兄逖裴十三游塞坦》

既然自负，于是有些事情，便看得很轻，什么也都可一笑置之了。即如李白对于痛苦，竟也一笑置之，所以他说："自笑客行久，我行定几时。"（《书情寄从弟邠州长史昭》）甚而对于性欲，亦儿嬉视之，所以他说："白马金羁辽海东，罗帷绣被卧春风。落月低轩窥烛尽，飞花入户笑床空。"（《春怨》）因此，他在这地方，显然和李商隐不同了。李商隐是针尖大的事情，也看着不得了；在李白这里，却是天大的事情，也看得不足一笑。这种风度，我们就称之为豪气。

同时，豪气是一种男性的表现。李白便也轻易不作儿女之悲，他有《江夏别宋之悌》诗：

楚水清若空，遥将碧海通。
人分千里外，兴在一杯中。

谷鸟吟晴日，江猿啸晚风。

平生不下泪，于此泣无穷。

“平生不下泪”，我信是一句实话。

以李白之豪气，写边塞文学便格外有声有色：

骝马新跨白玉鞍，战罢沙场月色寒。

城头铁鼓声犹震，匣里金刀血未干。

——《军行》

百战沙场碎铁衣，城南已合数重围。

突营射杀呼延将，独领残兵千骑归。

——《从军行》

别人所写，纵然也很动人，但始终是不掩那第三者的立场的，独独李白，他是化在那所写的题材之中。而且即使不管内容，就是那字，那声音，也已经烘托出一种氛围，使人犹如设身处地于他所描绘的世界里了。有种先声夺人的光景在，这在从前人，就是所谓“气象”。气象是李白所特有的。

虽然我们是由李白的文字表现而知其如此，但这不是文字问题了，而是精神。我已经说过，在李白的精神里，常有

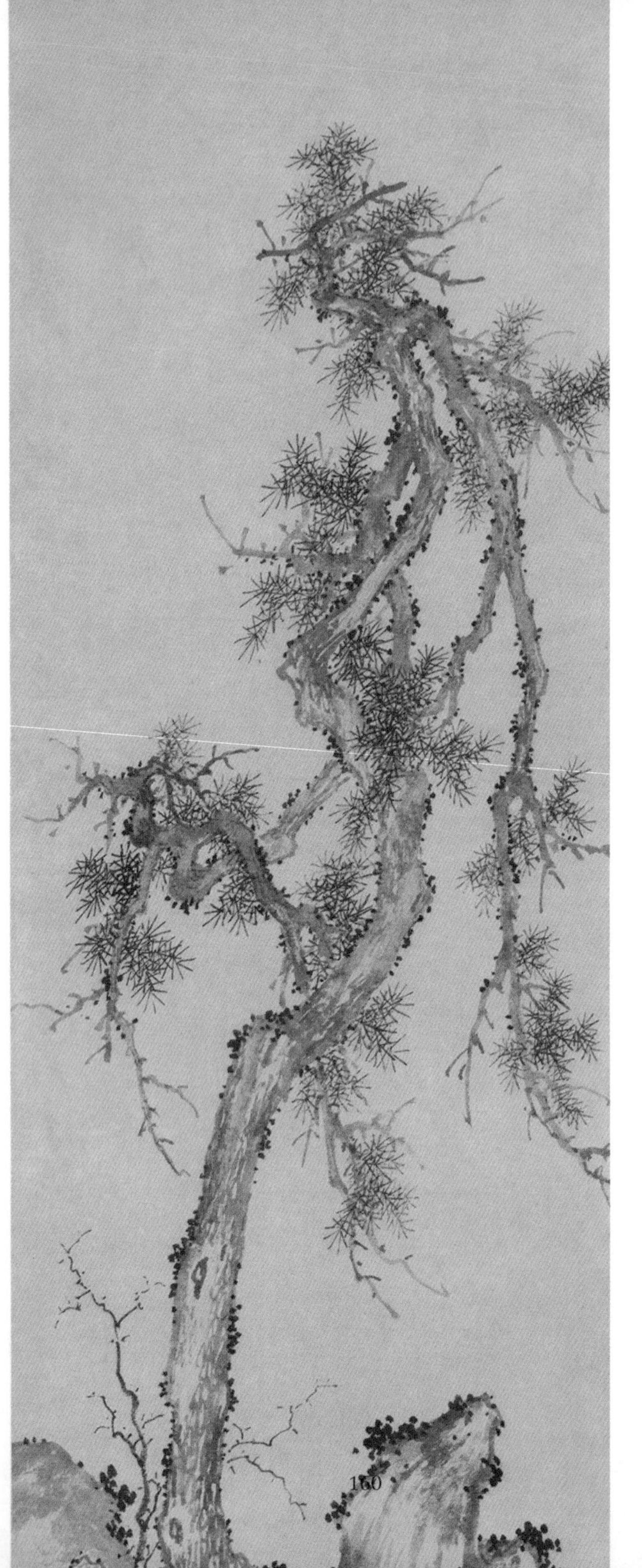

元　盛懋　松石图轴（局部）

涌溢而出之势，所以我又说，他的精神常是在冲决着，又在超越着。很小的一点事，我们也可以从中看出是如此了，例如他的诗里常有“忽然”的字样：

苍苍云松，落落绮皓。
春风尔来为阿谁，蝴蝶忽然满芳草。
……

——《山人劝酒》

列士击玉壶，壮心惜暮年。
三杯拂剑舞秋月，忽然高咏涕泗涟。
……

——《玉壶吟》

有时忽惆怅，匡坐至夜分。
平明空啸咤，思欲解世纷。
心随长风去，吹散万里云。
羞作济南生，九十诵古文。
不然拂剑起，沙漠收奇勋。
老死阡陌间，何因扬清芬。
夫子今管乐，英才冠三军。

终与同出处，岂将沮溺[②]群。

——《赠何七判官昌浩》

醉来脱宝剑，旅憩高堂眠。

中夜忽惊觉，起立明灯前。

——《冬夜醉宿龙门觉起言志》

即在题目中，他也有《日夕山中忽然有怀》之类。这种字样，正如他那“笑杀”“愁杀”“狂杀”“醉杀”等等，是别人所不常有的。“忽然”的情调，正是代表他精神上潜藏的力量之大，这如同地下的火山似的，便随时可以喷出岩浆来。在某一种意义上说，这种情形，正是为“灵感”一词下了一个具体的注脚。“灵感”不是由外而来的，却是自内而生的，只是似乎不能自己加以操纵似的，要来，却是不期而来，所以用“忽然”二字去描写那情景，便是再好也没有了。李白“忽然”的情调特多，换言之，也就是他写诗的材料——灵感——的莅临也最频繁。诗有作的，有写的，作的勉强，写的自然，大家只知道李白的诗那么自然，冲口而

② 沮（jū）溺：长沮和桀溺。春秋时的两位隐士，隐居不仕，从事耕作。《论语·微子》：“长沮、桀溺耦而耕。孔子过之，使子路问津焉。”——编者注。

出，真似乎妙手天成，却不知道这有一种根本的关系在，这就是他那充溢的生命力使然了。

他那充溢的生命力是时时要抓住什么东西的，所以具体地表现而为游侠，抽象地表现而为豪气。当它能够得到什么东西时当然好多了，否则便是破坏一切。所以同是一种生命力者，有时表现而为极端的现实主义，攫取目前的一切，但也有时表现而为极端的反现实主义，想对目前的一切施以报复。他要捶碎黄鹤楼，倒却鹦鹉洲，正是这种表现。不特如此，即李白的挥金如土，也是同一个消息：

马上相逢揖马鞭，客中相见客中怜。
欲邀击筑悲歌饮，正值倾家无酒钱。
江东风光不借人，枉杀落花空自春。
黄金逐手快意尽，昨日破产今朝贫。
丈夫何事空啸傲，不如烧却头上巾。
君为进士不得进，我被秋霜生旅鬓。
……

——《醉后赠从甥高镇》

二　李白求仙学道的生活之轮廓

一点也不可忽视的，同样作用着李白的精神很深的，就是道家思想。

一般地说，中国诗人很缺少形而上的思想背景。这缘故也很简单，因为中国诗人多半被拘束在儒家的传统之下。儒家又最实用不过，儒家未尝没有形而上思想，但是决不注重，孔子就不常说“性与天道”“命与仁”，因此受了儒家思想而表现在文艺里的也就毋宁是儒家所提倡的家人父子的感情，闲适豁达的风趣，却很少表现出是接受自儒家的形而上思想。再说，儒家思想彻头彻尾就是一种人本主义（Humanismus），因此谈不到天道；谈不到天道，哪能成为一种形而上思想呢？道家则不然。被推为道家的《圣经》的《老子》，就处处谈天道的。

李白从小接受着道家的熏陶。就他自己说的“五岁诵《六甲》”，《六甲》就是道宗末流的一种怪书，《神仙传》有

"左慈学道，尤明《六甲》，能役使鬼神"的话可证。他又说"十岁观百家，轩辕以来，颇得闻矣"，轩辕也正是道家所托，所谓黄老。在他《赠张相镐》的诗里，则有"十五观奇书"的话，儒家正统的书不能算奇书，奇书就又是道书一类了。可见他直至这时读书还是在这一个系统之下。

大概在他十五岁左右吧（因为他有"十五游神仙，仙游未曾歇"的话），他就和一个所谓"逸人"的东严子隐于岷山。一隐就是好几年，也不到城市里去，却养了成千的奇禽，都训练得能够一叫就来，可以从他们手掌里吃东西，竟一点也不怕他们。李白自己说这事曾惊动了广汉太守，便亲自来看了一番，觉得他们俩一定是很有本领了，于是便招呼他们出山，但他们却偏没有答应。李白自己说这是他"养高忘机，不屈之迹"（《上安州裴长史书》）。我们所注意的却不是他们如何训练鸟了，而是李白在早年如何受训练于道家。

李白这故事，不禁令我想到就是到现在，在码头车站上也还常截获有些十几岁的小孩子要入山学道的事。在李白虽然说得颇郑重，但在我们闭目一想，实在也是这样中了魔的小孩子之一而已。不过不同的是，现在的小孩子中魔没有他那样深，如果就李白的立场说话，也就是还没有他那样的根底。再一点不同，就是现在的小孩子总有父母拘束着，一走失了，会去着急地找的，似乎李白没有这种幸福，好像他求仙学道的开始，也就是他漂泊跋涉的开始了。从此，他再没有谈到过他的家。从诗文里看，他也就似乎从此没有家了。然而他和现代儿童顶大的不同，乃是在他这“奇书”“逸人”的作用，影响到他的生活，影响到他的事业，成就他做一个大诗人。

他有许多求仙学道的朋友，用李白自己的话说，便是“结神仙交”（《冬夜于随州紫阳先生餐霞楼送烟子元演隐仙城序》），比较重要的，按着时候的先后，方才提过的东严子不用说，次是元丹（就是丹丘生）、元演、紫阳先生、盖寰、高尊师、参寥子。以地方论，和李白学道上有关的地方是四处，也按着时候的先后排列，岷山是第一处，其次便是河南的嵩山，再次是湖北的随州（就是江汉一带），更次乃是齐（山东）。倘若像现在人夸说留学过牛津、剑桥、柏林、耶鲁似的，那么，李白也可以说就是住过岷山、嵩山、随州和齐的了。

他和元丹丘是什么时候认识的，我们不很清楚，但我们知道他们曾经在嵩山同学过道。他有诗说：

……

畴昔在嵩阳，同衾卧羲皇。

〇 明 仇英 桃源仙境图（局部）

绿萝笑簪绂，丹壑贱岩廊。

晚途各分析，乘兴任所适。

……

——《闻丹丘子于城北山营石门幽居中有高凤遗迹仆离群远怀亦有栖遁之志因叙旧以寄之》

下边又接着说："仆在雁门关，君为峨嵋客。"查李白到山西的一年是他三十五岁的时候（开元廿三年，公元735年），而且中间他还到过随州，那么这一段生活一定在他三十五岁以前了。不过他和元丹丘的认识一定还早得多，这是没有问题的，因为他在《上安州裴长史书》说到益州长史苏公夸说他"此子天才英丽，下笔不休，虽风力未成，且见专车之骨。若广之以学，可以相如比肩也"之后，便又提到郡督马公夸说他的话："诸人之文，犹山无烟霞，春无草树。李白之文，清雄奔放，名章俊语，络绎间起，光明洞澈，句句动人。"接着则以故交丹丘作为见证，称为"亲接斯议"。我们知道他写这封信的时候是他三十岁左右，对丹丘却已称为"故交"，则其早可知了；他举的两件事，头一件是他二十岁的事，第二件虽不必同时，但也应该相去不远。总之，可见他和丹丘生是一对老朋友了。因此，他时时刻刻有寄丹丘生的诗，或者追忆他们一块的生活。

本来，友情就是在一个人的精神进展上很重要的一个因子，丹丘生又是李白很亲密的朋友之一，所以我们不妨把他们的关系，略略注意一下了。

无疑地，嵩阳一带的同游，是他记忆中最不能忘情的一个片段。我们且看他当时的诗吧，便有：

故人栖东山，自爱丘壑美。
青春卧空林，白日犹不起。
松风清襟袖，石潭洗心耳。
羡君无纷喧，高枕碧霞里。

——《题元丹丘山居》

仙游渡颍水，访隐同元君。
忽遗苍生望，独与洪崖群。
卜地初晦迹，兴言且成双。
却顾北山断，前瞻南岭分。
遥通汝海月，不隔嵩丘云。
之子合逸趣，而我钦清芬。
举迹倚松石，谈笑迷朝曛。
终愿狎青鸟，拂衣栖江濆。

——《题元丹丘颍阳山居》

在后一首里，他还有序文道："丹丘家于颍阳，新卜别业，其地北倚马岭，连峰嵩丘，南瞻鹿台，极目汝海，云岩映郁，有佳致焉。白从之游，故有此作。"后来他将离开时，更有诗道：

吾将元夫子，异姓为天伦。
本无轩裳契，素以烟霞亲。
尝恨迫世网，铭意俱未伸。
松柏虽寒苦，羞逐桃李春。
悠悠市朝间，玉颜日缁磷[①]。
所失重山岳，所得轻埃尘。
精魄渐芜秽，衰老相凭因。
我有锦囊诀，可以持君身。
当餐黄金药，去为紫阳宾。
万事难并立，百年犹崇晨。
别尔东南去，悠悠多悲辛。
前志庶不易，远途期所遵。

① 缁（zī）磷：比喻操守改变。语出《论语·阳货》："不曰坚乎，磨而不磷；不曰白乎，涅而不缁。"——编者注

已矣归去来，白云飞天津。

——《颍阳别元丹丘之淮阳》

再以后，对于嵩山，却便只有在记忆中了，他于是时时神往：

我有万古宅，嵩阳玉女峰。
长留一片月，挂在东溪松。
尔去掇仙草，菖蒲花紫茸。
岁晚或相访，青天骑白龙。

——《送杨山人归嵩山》

家本紫云山，道风未沦落。
沉怀丹丘志，冲赏归寂寞。
朅来游闽荒，扪涉穷禹凿。
夤缘泛潮海，偃蹇陟庐霍。
凭雷蹑天窗，弄景憩霞阁。
且欣登眺美，颇惬隐沦诺。
三山旷幽期，四岳聊所托。
故人契嵩颍，高义炳丹雘。
灭迹遗纷嚣，终言本峰壑。

自矜林湍好，不羡朝市乐。
偶与真意并，顿觉世情薄。
尔能折芳桂，吾亦采兰若。
拙妻好乘鸾，娇女爱飞鹤。
提携访神仙，从此炼金药。

——《题嵩山逸人元丹丘山居》

后一首大概是在他五十几岁，天宝之乱以前作的，诗的序文有“白久在庐霍，元公近游嵩山，故交深情，出处无间，岩信频及，许为主人，欣然适会本意，当冀长往不返，欲便举家就之，兼书共游，因有此赠”。庐山、霍山是江西、安徽一带的地方，看口气决不像在夜郎赦还时的光景，所以断定是在未乱以前遨游的时候作——况且诗中亦略有游踪可寻的。什么“故交深情”“欲便举家就之”，就可见他和丹丘生的友情之厚，以及对于嵩、颍的怀念之殷了。

中间他们也时常通音问。从颍阳一别，李白到了随州（随州在湖北）。随州是第三个和李白学道有关的地方。这里便是紫阳先生（注家以为紫阳先生即周季通，查周为汉人，一定不对，这当然是另一位学道的，也叫紫阳罢了。在李白《江夏送倩公归汉东序》中有：“夫汉东之国，圣人所出。神农之后，季良为大贤。尔来寂寂，无一物可纪。有唐中兴，始生紫阳先生。先生年六十而隐化……”李白并有题紫阳先生壁诗。在王琦本《李太白全集》卷三十诗文拾遗中有《汉东紫阳先生碑铭》一文，倘若此文可靠，则紫阳先生乃是姓胡，即是下文所引诗中之胡公，死时年六十有二）的所在，也便是餐霞楼的所在。在这时候，我们见他又提出他的另一位神仙交元演来，他作有《冬夜于随州紫阳先生餐霞楼送烟子元演隐仙城山序》：

> 吾与霞子元丹，烟子元演，气激道合，结神仙交，殊身同心，誓老云海，不可夺也。历行天下，周求名山，入神农之故乡，得胡公之精术。胡公身揭日月，心飞蓬莱。起餐霞之孤楼，炼吸景之精气，延我数子，高谈混元。金书玉诀，尽在此矣。白乃语及形胜，紫阳因大夸仙城。元侯闻之，乘兴将往。别酒寒酌，醉青田而少留；梦魂晓飞，度渌水以先去。吾不凝滞于物，与时推移。出则以平交王侯，遁则以俯视巢、许，朱绂狎我，绿萝未归。恨不得同栖烟林，对坐松月。有所款然，铭契潭右。乘春当来，且抱琴卧花，高枕相待。诗以宠别，赋而赠之。

所谓：“殊身同心，誓老云海，不可夺也。”这真是成为同志了。后来他政治上失败了，到金陵，大概已是五十几岁了，对于这一次的聚会，便又有颇不能置怀的回忆，那是先从在洛阳时的生活说起的：

忆昔洛阳董糟丘，为余天津桥南造酒楼。
黄金白璧买歌笑，一醉累月轻王侯。
海内贤豪青云客，就中与君心莫逆。
回山转海不作难，倾情倒意无所惜。
我向淮南攀桂枝，君留洛北愁梦思。
不忍别，还相随。
相随迢迢访仙城，三十六曲水回萦。
一溪初入千花明，万壑度尽松风声。
银鞍金络到平地，汉东太守来相迎。
紫阳之真人，邀我吹玉笙。
餐霞楼上动仙乐，嘈然宛似鸾凤鸣。
袖长管催欲轻举，汉东太守醉起舞。
手持锦袍覆我身，我醉横眠枕其股。
当筵意气凌九霄，星离雨散不终朝，
分飞楚关山水遥。
余既还山寻故巢，君亦归家度渭桥。
君家严君勇貔虎，作尹并州遏戎虏。

五月相呼渡太行，摧轮不道羊肠苦。
行来北凉岁月深，感君贵义轻黄金。
琼杯绮食青玉案，使我醉饱无归心。
时时出向城西曲，晋祠流水如碧玉。
浮舟弄水箫鼓鸣，微波龙鳞莎草绿。
兴来携妓恣经过，其若杨花似雪何。
红妆欲醉宜斜日，百尺清潭写翠娥。
翠娥婵娟初月辉，美人更唱舞罗衣。
清风吹歌入空去，歌曲自绕行云飞。
此时行乐难再遇，西游因献《长杨赋》。
北阙青云不可期，东山白首还归去。
渭桥南头一遇君，酂台之北又离群。
问余别恨今多少，落花春暮争纷纷。
言亦不可尽，情亦不可及。
呼儿长跪缄此辞，寄君千里遥相忆。

——《忆旧游寄谯郡元参军》

李白在随州以后，到了太原，这是在我们引过的诗中已经有着的了。李白在天宝元年（公元742年），是政治生活上最得意的时候，当了供奉翰林，这时他四十二岁了。他住在当时的京城长安，是在天宝三载（公元744年）离开的，所

○ 北宋 王希孟 千里江山图（局部）

以他那“离居在咸阳，三见秦草绿”的诗寄元丹丘者，我想也一定是这时作的了。

他之遇盖寰，我想是在天宝三载以后。他们相见的地方是安陵，安陵在唐时属德州平原郡，是在山东。这一次之重要，是盖寰为他造了个“真箓”，这在道教徒看是一件大事的，所以李白又高兴得作了一首诗，这就是《访道安陵遇盖寰为予造真箓临别留赠》：

清水见白石，仙人识青童。
安陵盖夫子，十岁与天通。
悬河与微言，谈论安可穷？
能令二千石，扶背惊神聪。
挥毫赠新诗，高价掩山东。
至今平原客，感激慕清风。
学道北海仙，传书蕊珠宫。
丹田了玉阙，白日思云空。
为我草真箓，天人惭妙工。
七元洞豁落，八角辉星虹。
三灾荡璇玑，蛟龙翼微躬。
举手谢天地，虚无齐始终。
黄金献高堂，答荷难克充。

下笑世上事，沉魂北罗酆。
昔日万乘坟，今成一科蓬。
赠言若可重，实此轻华嵩。

其中很多道家术语，读者试查杨齐贤、萧士赟等的注便可知道都有根据和来历，我们却不必在这里说什么外行话了。

不过我们只就事实看，则似乎这一次受箓，不如他在山东受高尊师如贵道士的道箓之正式，因为盖寰也只是高尊师的学生，所谓“学道北海仙”，是李白同学的样子，不过程度稍高，行辈稍前而已，当然不如“尊师”亲受的事之隆重。道教是有阶级层次的，可知这次在后。那时他也有诗道：

道隐不可见，灵书藏洞天。
吾师四万劫，历世递相传。
别杖留青竹，行歌蹑紫烟。
离心无远近，长在玉京悬。

——《奉饯高尊师如贵道士传道箓毕归北海》

这实在是一桩大典。北海就是现在山东胶东一带，他这首诗是作于齐。我们知道，山东与李白的关系非常之大（参看本书下篇第六章专条）。他的剑术吧，是在山东得着进益，所以他有“顾余不及仕，学剑来山东”（《五月东鲁行答汶上翁》）的话；他和杜甫的来往，也是在山东尤其得在友情上酣畅淋漓，这都是这时以前的话了。而他的学道，却也以在山东的居住为最重要。他曾在山东写着关于道家的论文，所谓“道书”，可惜我们不能见到了——不过见到恐怕也不懂的。著道书的事，是见之于他的《早秋单父南楼酬窦公衡》：

白露见日灭，红颜随霜凋。
别君若俯仰，春芳辞秋条。
泰山嵯峨夏云在，疑是白波涨东海。
散为飞雨川上来，遥帷却卷清浮埃。
知君独坐青轩下，此时结念同怀者。
我闭南楼著道书，幽帘清寂若仙居。
曾无好事来相访，赖尔高文一起予。

单父就是现在山东的单县。李白又曾于天宝元年四月游泰山，这大概在他快要登政治舞台以前，这时有几首诗，便也是说着求仙学道的，我们试录四首，以见一斑：

四月上泰山，石平御道开。

六龙过万壑，涧谷随萦回。
马迹绕碧峰，于今满青苔。
飞流洒绝巘[①]，水急松声哀。
北眺崿嶂奇，倾崖向东摧。
……
天门一长啸，万里清风来。
玉女四五人，飘飖下九垓。
含笑引素手，遗我流霞杯。
稽首再拜之，愧我非仙才。
旷然小宇宙，弃世何悠哉！

平明登日观，举手开云关。
精神四飞扬，如出天地间。
黄河从西来，窈窕入远山。
凭崖览八极，目尽长空闲。
偶然值青童，绿发双云鬟。
笑我晚学仙，蹉跎凋朱颜。
踌躇忽不见，浩荡难追攀。

①巘（yǎn）山峰。张协《七命》：“于是登绝巘，溯长风。”——编者注

清斋三千日，裂素写道经。
吟诵有所得，众神卫我形。
云行信长风，飒若羽翼生。
攀崖上日观，伏槛窥东溟。
海色动远山，天鸡已先鸣。
银台出倒景，白浪翻长鲸。
安得不死药，高飞向蓬瀛？

日观东北倾，两崖夹双石。
海水落眼前，天光遥空碧。
千峰争攒聚，万壑绝凌历。
缅彼鹤上仙，去无云中迹。
长松入霄汉，远望不盈尺。
山花异人间，五月雪中白。
终当遇安期，于此炼玉液。

——《游泰山六首》

诗既然抄出，就先让我对这诗说句话吧，我一方面感觉到诗人的幻想力（Phantasic）已经尽驰骋之能事了，同时我又感到诗人之惊人的写实的本领。“海色动远山，天鸡已先鸣”，“海水落眼前，天光遥空碧”，到现在我们去等待着看那日出时，也还是这般光景。“日观东北倾，两崖夹双石”，到现在我们一到日观峰，也还是叹赏这般奇迹！至于“天门一长啸，万里清风来”，“精神四飞扬，如出天地间”，我真不知道诗人何以能这样把这心旷神怡的骨髓都给挖掘出来了！不过我不能再说下去了，因为现在不是谈他的诗的时候，而是谈他的求仙学道的成绩的时候。现在我们把话收回来，山东与他学道的关系非常之大，泰山的诱引，也是其一，所以他无怪乎说“终当遇安期，于此炼玉液”了。因此，我说山东是第四个关系李白学道的地方，而且其重要，恐怕远在岷山、嵩山和随州之上，其中尤有关系的，则是他在山东从高尊师受了道箓的事，这似乎是真正学业有得，而获了学位的光景了。

不过他没忘了丹丘生。他们的再聚是在洛阳。这就是他诗上所谓“长剑复归来，相逢洛阳陌”的时候。我想《将进酒》的名歌即作于此时：

君不见黄河之水天上来，奔流到海不复回？
君不见高堂明镜悲白发，朝如青丝暮成雪？
人生得意须尽欢，莫使金樽空对月！
天生我材必有用，千金散尽还复来。
烹羊宰牛且为乐，会须一饮三百杯。

岑夫子，丹丘生，进酒君莫停！

与君歌一曲，请君为我倾耳听。

钟鼓馔玉不足贵，但愿长醉不复醒。

古来圣贤皆寂寞，唯有饮者留其名。

陈王昔时宴平乐，斗酒十千恣欢谑。

主人何为言少钱，径须沽取对君酌。

五花马，千金裘，呼儿将出换美酒，与尔同销万古愁！

因为说到黄河，我想一定是眼前离黄河不远才对，所以我想就是这一次在洛阳了；因为诗里头失意的意味特深，所以我认为是他在离开长安，政治上受打击以后。此中的岑夫子，在从前，人多以为是岑参，我以为乃是岑勋，因李白别有《酬岑勋见寻就元丹丘对酒相待以诗见招》诗一首，正是同一回事情。

此后，则李白再到了湖北，但丹丘生比较固定，一直在河南，这就是李白所谓“思君楚水南，望君淮山北”，这是“梦魂虽飞来，会面不可得”的时候。大概以后他们便没再见面。我们以上把李白和丹丘生的离合，并中间李白和别的“神仙交”的来往之迹都说过了，现在再录《元丹丘歌》一首，以见元丹丘的风姿！

元丹丘，爱神仙，朝饮颍川之清流，
暮还嵩岑之紫烟，三十六峰长周旋。
长周旋，蹑星虹，身骑飞龙耳生风，
横河跨海与天通，我知尔游心无穷。

又录《与元丹丘方城寺谈玄作》一首，以见他们在友谊里彼此知识上之交换和吸取：

茫茫大梦中，唯我独先觉。
腾转风火来，假合作容貌。
灭除昏疑尽，领略入精要。
澄虑观此身，因得通寂照。
朗悟前后际，始知金仙妙。
幸逢禅居人，酌玉坐相召。
彼我俱若丧，云山岂殊调。
清风生虚空，明月见谈笑。
怡然青莲宫，永愿恣游眺。

李白到了湖北的时候，却又逢到一位“神仙交”，便是参寥子，他有《赠参寥子》诗：

唐　吴道子（传）　八十七神仙卷（局部）

白鹤飞天书，南荆访高士。
五云在岘山，果得参寥子。
肮脏辞故园，昂藏入君门。
天子分玉帛，百官接话言。
毫墨时洒落，探玄有奇作。
著论穷天人，千春秘麟阁。
长揖不受官，拂衣归林峦。
余亦去金马，藤萝同所欢。
相思在何处，桂树青云端。

到这里为止，我们对李白求仙学道的生活，得到一个轮廓。为清楚起见，我再说一遍，重要的地方：岷山、嵩山、随州、齐；重要的人物：东严子、元丹丘、元演、紫阳先生、盖寰、高尊师、参寥子。时间则差不多包括李白自小至老。

此外，我们却要注意的，便是求仙学道，大概在当时是一种风气，这些人另成一个世界，另有一种趣味。上面那些人物都是和李白见过面，而且有的很有交情的了，但也有为李白所未见过而只向往的。例如“年八十余，颜色如桃花”的真公，这是在荆州玉泉寺的；又有焦炼师，是女的，在嵩山。关于焦炼师，李白有赠的诗，我们先看那序文："嵩丘有神人焦炼师者，不知何许妇人也。又云：生于齐、梁时，其年貌可称五六十。常胎息绝谷，居少室庐，游行若飞，倏忽万里。世或传其入东海，登蓬莱，竟不能测其往也。余访道少室，尽登三十六峰，闻风有寄，洒翰遥赠。"下面即是那诗：

二室凌青天，三花含紫烟。
中有蓬海客，宛疑麻姑仙。
道在喧莫染，迹高想已绵。
时餐金鹅药，屡读青苔篇。
八极恣游憩，九垓长周旋。
下瓢酌颍水，舞鹤来伊川。
还归空山上，独拂秋霞眠。
萝月挂朝镜，松风鸣夜弦。
潜光隐嵩岳，炼魄栖云幄。
霓衣何飘飘，凤吹转绵邈。
愿同西王母，下顾东方朔。
紫书倘可传，铭骨誓相学。

"访道"，是道家的重要生活之一。所以他也各处访。他又说

“铭骨誓相学”，则他的热心和决心很可想见。

李白常说他学道有三十年的历史，例如“学道三十春，自言羲和人。轩盖宛若梦，云松长相亲”（《酬王补阙惠翼庄庙宋丞泚赠别》），“云卧三十年，好闲复爱仙”（《安陆白兆山桃花岩寄刘侍御绾》），“青莲居士谪仙人，酒肆藏名三十春”（《答湖州迦叶司马问白是何人》），只是不知道他是从何时算起的。是从“五岁诵《六甲》”算起吗，还是从“十五游神仙，仙游未曾歇”？我们当然也不必武断，总之，大概就他四十岁左右说话，是已经“学道”学了三十多年了。我一再说过，他的学道非常热心，非常认真，所以甚而形诸梦寐：“余尝学道穷冥筌，梦中往往游仙山。”（《下途归石门旧居》）而且时时没忘了这件事：

> 石壁望松寥，宛然在碧霄。
> 安得五彩虹，架天作长桥！
> 仙人如爱我，举手来相招。
>
> ——《焦山杳望松寥山》

假若道教算一种宗教的话，我敢说中国诗人从来没有李白这样信教信得笃的；假若我们对道教只当作一种思想看，我也敢说中国诗人从来没有李白受思想之支配受得这样厉害的。

结果怎么样呢？不能不说相当地成功。他在少年就为天台的司马子微（名承祯，见《续仙传》）认为有“仙风道骨”（见《大鹏赋》序）；他一到长安，贺知章见了就称为“谪仙人”（《对酒忆贺监》）。看他的《夏日山中》诗：

懒摇白羽扇，裸袒青林中。
脱巾挂石壁，露顶洒松风。

简直就是一个活神仙了。

三　道教思想之体系与李白

我很赞成刘勰对于道家的三品说：

按道家立法，厥品有三：上标老子，次述神仙，下袭张陵。太上为宗，寻柱史嘉遁，实为大贤；著书论道，贵在无为；理归静一，化本虚柔；然而三世弗纪，慧叶靡闻，斯乃导俗之良书，非出世之妙经也。若乃神仙小道，名为五通，福极生天，体尽飞腾，神通而未免有漏，寿远而不能无终，功非饵药，德沿业修，于是愚狡方士，伪托遂滋。张陵米贼，述记升天；葛玄野竖，著传仙公；愚斯惑矣，智可罔欤？今祖述李叟，则教失如彼；宪章神仙，则体劣如此；上中为妙，犹不足算，况效陵鲁，醮事章符，设教五斗，欲极三界，以蚊负山，庸讵胜乎？

——《灭惑论》

不过实际上这三派很不容易分，上品不包括中品、下品是可以的，中品就不能不包括上品，下品就不能不包括上品、中品，倘若历史地看起来，则后来者包括过去者更是自然的事。然而话要说回来了，刘勰的分法是有种批评的、价值的意味的，就批评、价值言，我对于刘勰的分法却便只有赞成了。

考道教之始，只有老庄的无为自然思想，和稷下学派的神仙方术思想，联而为一的则是淮南。后来在理论上出了两个大人物，一是后汉作《参同契》的魏伯阳，一是晋朝作《抱朴子》的葛洪，这两个大人物既出，道教的面目才正式成立了。说到萌芽当然很早，老庄本人的思想做了他们理论上的根据不必说，就是在《老子》《庄子》等著作出现的同时，也就已经有雏形的道教了。在《老子》书中有“致虚”“守静”“长生久视”的话，和相传广成子告诉黄帝的“毋劳尔形，毋摇尔精，毋使尔星星”便很相似。在《庄子》书中有“古之真人，其寝不梦，其觉无忧，其食不甘，其息深深。真人之息以踵”（《大宗师》），有“藐姑射之山有神人居焉，肌肤若冰雪，绰约若处子。不食五谷，吸风引露。乘云气，御飞龙，而游乎四海之外”（《逍遥游》），有“夫圣人鹑居而彀食，鸟行而无彰；天下有道，则与物皆昌；天下无道，则修德就闲；千岁厌世，去而上仙；乘彼白云，至于帝乡”（《天地》）。长生、真人、神人、仙，也都出来了，所以我说这时已经有雏形的道教了。不过他们还没体系化，又空有设想，还没实际化。我们从演进上看，道教始终是一个能吸收的杂货摊，在汉时已有“采儒墨之善，撮名法之要”（《太史公自序》）的办法，后来便与神仙方士合，与天师道合，与佛教合，甚而与摩尼教合，与基督教合（到了清朝），所以在开始时似乎是冲突者。例如《庄子》上说：“吹呴呼吸，吐故纳新，熊经鸟申，为寿而已矣；此道引之士，养形之人，彭祖寿考者之所好也。”（《刻意篇》）这是为庄子一派人所不满的。又如葛洪说：“五千文虽出老子，然皆泛论较略耳。其中了不肯首尾全举其事，有可承按者也。但暗诵此经，而不得要道，直为徒劳耳，又况不及者乎？至于文子、庄子、关令尹喜之徒，其属文笔，虽祖述黄老，宪章玄虚，但演其大旨，永无至言。或复齐生死谓无异，以存活为徭役，以殂殁为休息，其去神仙已千亿里矣，岂足耽玩哉！”（《释滞篇》）这是不满于老庄的，然而都无碍其终于调和吸收，结果都兼容并包于道家之内。

现在我们谈到李白。因为在他的时代，道教不但到了完成期，而且到了隆盛期，所以他所接受的乃是道教所兼容并包很多的阶段了，就刘勰的三品说，上、中、下三品，李白可说全都沾染，因为李白有老庄的自然无为的宇宙观，但也有神仙派的炼养服食的实践，同时并服从天师道的符箓。道教的色彩之杂，李白尤其有，先前是有假托太公的阴谋派的了，鬼谷子、苏秦、张仪，都可以说是道家的一支，而李白便也时时以苏、张自况，也常常想贡献奇计；后来道家是掺入佛的成分的了，李白更时常谈禅，并同许多和尚打交道。

我们姑且不从演进上看，也不从不相干的掺杂的成分看，只是就几个根本的概念看，看道教的内容都是什么，以便了解李白的思想基础。

道教的第一个根本概念当然是“道”。“道”是宇宙的一种主宰，是一种超现象界的本体，有时叫“造化”（《淮南子·原道训》：“与造化者俱。”），有时叫“太乙”（《吕氏春秋·大乐》篇：“道也者，至精也，不可为形，不可为名，强为之，谓之太一。”太一即太乙）。李白也有这种信念，他说：

天地为橐籥，周流行太易。
造化合元符，交媾腾精魄。
自然成妙用，孰知其指的。

——《草创大还赠柳官迪》

○ 明 石锐 轩辕问道图卷（局部）

“橐籥”这个名词很妙，橐指囊，籥指管，原来就道家的看法，天地生人造物好比一个大洪炉，其中的火焰需要囊管吹动，万物才会被鼓铸起来。这正是形容“道”为宇宙的主宰处。李白又有诗说：

桃李得日开，荣华照当年。
东风动百物，草木尽欲言。
枯枝无丑叶，涸水吐清泉。
大力运天地，羲和无停鞭。

——《长歌行》

所谓“大力”，便也是“道”。这种观念，我觉得乃是一种信仰的问题，并不是知识的问题。所以在李白，或者其余的道教徒，凡是在世事上一方面失望了，或受了压迫了，便以“道”为归宿；因为“道”的力量是超乎现象的、超乎人的、超乎现世的缘故：

世道日交丧，浇风散淳源。
不采芳桂枝，反栖恶木根。
所以桃李树，吐花竟不言。

> 大运有兴没，群动争飞奔。
> 归来广成子，去入无穷门。
>
> ——《古风》五十九首，其二十五

总枢纽既然操之“大运”，所以小小不然的变动，便丝毫没有关系的了。

从这种信念出发，遂觉得万物都轻，所以李白有“得心自虚妙，外物空颓靡”（《金门答苏秀才》），“一身自潇洒，万物何嚣喧”（《答从弟幼成过西园见赠》）的感觉；同时李白别有一种境界，迥乎不是没有这种信念的人所能够体会的：

> 问余何意栖碧山，笑而不答心自闲。
> 桃花流水窅然去，别有天地非人间。
>
> ——《山中答俗人》[①]

普通人只知道欣赏这一首诗如何妙出自然，却也感觉到那样无烟火气，然而没想到这有李白的思想基础在，有李白的根本信念在，有李白之由精神教养而陶铸成的整个人格在！

---

① 缪本作《山中答俗人》。一作《山中答问》（见本书第10页）。——编者注

道教的第二个根本概念是这种作为宇宙的主宰的“道”，其性质乃是动的，即所谓“运”是。所以在庄子看古今生死，便认为也不过是大道连续的运行而已，可以不必顾虑，可以不动感情。但是后来的道家对于“道”是动的这概念是接受了，只是对于生死的问题却不一定顺着庄子的结论走。在李白也是这样的。李白的宇宙观是动的，李白心目中的宇宙是有精神力量在内的，这和陶潜便很不同了，陶潜的宇宙观却是静的，陶潜心目中的宇宙只是物质。不过李白对于生死却并不一定超然。

因为李白的宇宙观是动的，所以他常说“观化”：

贵道皆全真，潜辉卧幽邻。
探元入窅默，观化游无垠。

——《送岑征君归鸣皋山》

冥机发天光，独朗谢垢氛。
虚舟不系物，观化游江濆。

——《赠僧崖公》

因为李白心目中的宇宙是有精神力量在内的，所以李白对于自然的看法，也便都赋予一种人格化：

肠断枝上猿，泪添山下樽。
白云见我去，亦为我飞翻。

——《题情深树寄象公》

花间一壶酒，独酌无相亲。
举杯邀明月，对影成三人。
月既不解饮，影徒随我身。
暂伴月将影，行乐须及春。
我歌月徘徊，我舞影凌乱。
醒时同交欢，醉后各分散。
永结无情游，相期邈云汉。

——《月下独酌》四首，其一

玉壶系青丝，沽酒来何迟？
山花向我笑，正好衔杯时。
晚酌东窗下，流莺复在兹。
春风与醉客，今日乃相宜。

——《待酒不至》

春草如有意，罗生玉堂阴。

东风吹愁来，白发坐相侵。
独酌劝孤影，闲歌面芳林。
长松尔何知，萧瑟为谁吟？
手舞石上月，膝横花间琴。
过此一壶外，悠悠非我心。

——《独酌》

劝君莫拒杯，春风笑人来。
桃李如旧识，倾花向我开。
流莺啼碧树，明月窥金罍。
昨来朱颜子，今日白发催。
棘生石虎殿，鹿走姑苏台。
自古帝王宅，城阙闭黄埃。
君若不饮酒，昔人安在哉？

——《对酒》

这样一来，什么白云啦，明月啦，山花啦，流莺啦，东风啦，春风啦，天地万物，遂无不亲切了。在李白看，白云明月固然像自己一样是天地间有生命的东西了，但是他自己也何尝不像天地间的一朵白云一样，一轮明月一样？所以他是自己宇宙化，宇宙又自己化了。由前者，我们感到他的旷达；由后者，我们感到他的情深。他说：

> 众鸟高飞尽，孤云独去闲。
> 相看两不厌，只有敬亭山。
>
> ——《独坐敬亭山》

那么，他在人间所得的寂寞的哀感，正是因为有大自然里的亲切的对象给加以补偿了。

宇宙“人化”，人“宇宙化”，这也正是道教的理论使然。原来人和宇宙都是由同一的基础而生的：

> 夫人在气中，气在人中，自天地至于万物，无不须气以生者也。
>
> ——葛洪《至理篇》

又如庄子所谓“天地与我并生，而万物与我为一”（《齐物论》）。《五运历年纪》所谓盘古死了以后，呼吸化为风云，声音化为雷霆，左右两眼化为日月，四肢五体化为四极五岳。更有，道教徒所谓自身之肉体，各部分也都有名，并且有神，例如：发神叫苍华，字大元，高二寸十分；脑神叫精根，字泥丸，高一寸十分之类……凡此种种说法，高深与粗浅虽然相去很远，但是其把宇宙“人化”，人“宇宙化”却是一致的。李白受了这种思想的洗礼以后，表现在诗里是那样便也毫无足怪了。在道教的范围以内，或者叫我们看了觉得太玄，或者叫我们看了觉得近乎迷信，但是一入于李白的手，表现在文艺中的，我们却只有觉得活泼洒脱，清丽飘逸了。

道教的第三个根本概念是“自然”。“道”固然是宇宙的主宰了，其性质固然是动的（Dynamic）了，但是其具体的表现却就是自然界。老子说：“人法地，地法天，天法道，道法自然。”（《老子》二十五章）所以我们明白“自然”，就能多少明白“道”。“自然”是怎么样呢？就是按着“生而不有，为而不恃”的大原则而进行的现象而已。李白观察自然，便也是这种看法：

日出东方隈，似从地底来。
历天又复入西海，六龙所舍安在哉？
其始与终古不息，人非元气安得与之久徘徊？
草不谢荣于春风，木不怨落于秋天。
谁挥鞭策驱四运，万物兴歇皆自然。
羲和羲和，汝奚汩没于荒淫之波？
鲁阳何德，驻景挥戈？

明 张路 老子骑牛图

> 逆道违天，矫诬实多。
>
> 吾将囊括大块，浩然与溟涬同科。
>
> ——《日出入行》

“自然”的性质在积极的意义上虽然不容易说，在消极的意义上却是很明白的，这就是不是人为的，不是强制的，所以说“万物兴歇皆自然了”。李白在另一种机会说“一风鼓群有，万籁各自鸣”（《赠僧崖公》），意思也正相似。猛然一看，好像这种思想和道家的第一个、第二个根本概念冲突，因为既然有所谓“道”了，而且是“运行的”了，何以又说万物都是自然了呢？不过仔细一想，这疑团仍然可解，因为他们所谓“道”，根本是非常广泛，非常根本的，用他们的话说就是“天网恢恢，疏而不失”（《老子》七十三章），就“疏”言，万物都是自然的，好像没有什么拘束着，但就“不失”言，万物这没有什么拘束着的一事就都正是“道”的作用。

从“自然”的概念出发，便又生出几种思想。一是发现了世界之物质的方面，就是人类也不过是物质世界的一种组合，所以李白说：“腾转风火来，假合作容貌。”（《与元丹丘方城寺谈玄作》）二是又由这物质的认识出发，便有一种同归于尽的感觉，不过物质的世界虽然同归于尽，“道”的原理却不跟着消灭。李白所谓“已矣哉，桂华满兮明月辉，扶桑晓兮白日飞。玉颜减兮蝼蚁聚，碧台空兮歌舞稀。与天道兮共尽，莫不委骨同归”（《拟恨赋》），其中的“与”字实在是按照的意思，天道却并不会消灭的。三是由于观察自然之“生而不有，为而不恃”的原理，观察自然中春夏秋冬之代谢的消息，推到人事上便是“功成身退”的态度了。老子屡言“功成而弗居”（《老子》二章），“功遂身退，天之道”（《老子》九章）。李白也时时有这种思想，他说“吾观自古贤达人，功成不退皆殒身”（《行路难》），“愿一佐明主，功成还旧林”（《留别王司马嵩》），都是这种表现。四是因为主张自然，反对人为，反对强制，于是喜欢真，喜欢淳朴。在《庄子》的《渔父》中有：“真者，所以受于天也，自然不可易也。故圣人法天贵真，不拘于俗。愚者反此，不能法天而恤于人；不知贵真，禄禄而受变于俗。”在李白便也同样有致慨于“朴散不尚古，时讹皆失真”（《酬王补阙惠翼庄庙宋丞泚赠别》的宣言。凡此四端：物质的，同归于尽的，功成而退的，贵真的，都是由“自然”一概念而来的。

道教的第四个根本概念是“贵生爱身”，即宝贵生命，爱惜身体。这是脱胎在很早的道家里的一种思想，他们想种种方法，凡是危害生命，不利身体的事情都要避免，或者除掉。这种思想的骨子是以自我为中心，他们讲得非常实际，所以《老子》上甚而有“圣人为腹不为目”（《老子》十二章）的话，《庄子》上也有“周将处乎材与不材之间”（《山木》）的答，并且“帝王之功，圣人之余事也”，缘故在“非所以完身养生”（《让王》），李白承袭了这种思想，所以也常说藏身的道理：

沐芳莫弹冠，浴兰莫振衣。
处世忌太洁，志人贵藏晖。
沧浪有钓叟，吾与尔同归。

——《沐浴子》

月色不可扫，客愁不可道。
玉露生秋衣，流萤飞百草。
日月终销毁，天地同枯槁。
蟪蛄啼青松，安见此树老！
金丹宁误俗，昧者难精讨。
尔非千岁翁，多恨去世早。
饮酒入玉壶，藏身以为宝。

——《拟古》十二首，其八

从“贵生爱身”的立场看，就觉得名很不必要，一则名是身外之物，根本不相干，二则有时名反为生与身之累。在《老子》中已经要提醒人“名与身孰亲”（《老子》四十四章）了，后来的道家根本不要名，所以才做隐士。以眼前的酒与身后的名比，李白也是宁要酒不要名的：

有耳莫洗颍川水，有口莫食首阳蕨。
含光混世贵无名，何用孤高比云月？
吾观自古贤达人，功成不退皆殒身。
子胥既弃吴江上，屈原终投湘水滨。
陆机雄才岂自保，李斯税驾苦不早。
华亭鹤唳讵可闻，上蔡苍鹰何足道？
君不见吴中张翰称达生，秋风忽忆江东行？
且乐生前一杯酒，何须身后千载名？

——《行路难》

笑矣乎！笑矣乎！
君不见沧浪老人歌一曲，还道沧浪濯吾足？
平生不解谋此身，虚作《离骚》遣人读！
笑矣乎！笑矣乎！
赵有豫让楚屈平，卖身买得千年名。
巢由洗耳有何益？夷齐饿死终无成。

君爱身后名，我爱眼前酒。

饮酒眼前乐，虚名何处有？

——《笑歌行》

对于隐士，李白本身就做过，当然更是赞成之不暇了。

我们于此要注意的是道教之很深的现世的功利的色彩，这种精神却合乎人间味极浓厚的李白。

道教的第五个根本概念便是“神仙”。这是与第四个根本概念有关联的，从“贵生爱身”，便希望长生，“古人得道者，生以寿长，声色滋味，能久乐之”（《吕氏春秋·仲春纪·情欲》），长生的具体化，就是“神仙”了。

在《汉书·艺文志》里，除了道家、房中以外，就还有神仙一项，在其中有这样的话：“神仙者，所以保性命之真，而游求于其外者也。聊以荡意平心同死生之域，而无怵惕于胸中。然而或者专以为务，则诞欺怪迂之文，弥以益多，非圣王之所以教也。”可见当时神仙家的一斑。这里提到“性命”二字，尤其抓到神仙家的根本，这是儒教与道教的大不同处，儒家以为性命是固定的，是没有人力可以作用的余地的，道家却以为不然，他们认为性命可以改移，所以主张性命双修。到了葛洪，关于成仙的理论和方法便都完成了，他说：

> 虽有至明，而有形者，不可毕见焉；虽禀极聪，而有声者，不可尽闻焉……虽有禹、益、齐谐之智，而所尝识者，未若所不识之众也。万物芸芸，何所不有，况列仙之人，盈乎竹素矣。不死之道，曷为无之？
>
> ——《论仙篇》

> 若夫仙人以药物养身，以术数延命，使内疾不生，外患不入，虽久视不死，而旧身不改。苟有其道，无以难为也。
>
> ——《论仙篇》

> 仙之可学致，如黍稷之可播种得，甚炳然耳。然未有不耕而获嘉禾，未有不勤而获长生度世也。
>
> ——《勤求篇》

照他的意思是，神仙不能没有，决不能因为自己没见就加以否认，其次是人确能够长生，不过要不劳而获是断断不行的。因此他又讲到实际的方法，实际的方法有三种：

> 欲求神仙，唯当得其至要，至要在于宝精，行炁，

南宋　赵伯驹（传）仙山楼阁图（局部）

服一大药便足，亦不用多也。

——《释滞篇》

“宝精”是宝贵人们的精，据道家的意见，人们的精，顺流之可以生儿育女，逆用之便能够返乎婴儿而成仙：

房中之法十余家……其大要在于还精补脑之一事耳。……人欲不可都绝，阴阳不交，则坐致壅遏之病，故幽闭怨旷，多病而不寿也。任情肆意，又损年命。唯有得其节宣之和，可以不损。

——《释滞篇》

“行炁”或叫服炁，就是呼吸吐纳之法，或服天地阴阳之气，所谓餐霞饮露，服食日丹月黄等是，或服自身之气，其中重要的方法便是“胎息”：

行炁有数法焉。……其大要者胎息而已。得胎息者，能不以鼻口嘘吸，如在胞胎之中，则道成矣。

——《释滞篇》

服一“大药”，就是“金丹”：

服药之方，略有千条焉。……一涂之道士，或欲专一交接之术，以规神仙，而不作金丹之大药，此愚之甚矣。

——《释滞篇》

所谓“金丹”，又有内外之说。外丹的说法是说用金砂水银，烹炼而成，炼愈久，药力愈大，成仙愈速，其中有太清神丹、九鼎丹、五石散等名色，以太清神丹为最上；内丹之说乃是说用肾水中所含的真阳——铅，心火中所含的真阴——汞，以真气调和此二者而成的。关于后者以《参同契》中所说较详，其要点一在调和精、气、神三宝，又以耳、口、鼻为精、气、神三者之门户，须加以固闭，因为多听邪声就摇“精”，多说话便伤“气”，多看会伤“神”，三者关牢，便应当到僻静地方去，训练没有杂念，久而久之，自然会有一种精气神调和而得丹的景象；二在颠倒阴阳，在人身中肾是坎，居下，心是离，居上，修炼的方法便在取坎中的真阳，去填补离中的真阴，得到纯阳的乾，丹道便成了。

因为道教是一种宗教，所以不能不有劝善惩恶的意味，所以除了上述方法之外，就还得守一些戒律，做一些好事才行。

话虽如此，求仙学道也不是人人成功的，其中有许多诀窍只能口授，决不公开，因此有志的人还要各处寻访，听高明的指教，用他们的术语，就是需要“访道”。受道的时候，则往往受一些符箓，《隋书·经籍志》有：“其受道之法，初受《五千文箓》，次受《三洞箓》，次受《洞玄箓》，次受《上清箓》。箓皆素书，纪诸天曹官属佐吏之名有多少，又有诸符错在其内，文章诡怪，世所不识。”

我们试和李白的行径一对照，他便的确是按着做了的。神仙的有无吧，不用说李白是肯定的，而且时时在羡慕着：

我昔东海上，劳山餐紫霞。
亲见安期公，食枣大如瓜。
中年谒汉主，不惬还归家。
朱颜谢春晖，白发见生涯。
所期就金液，飞步登云车。
愿随夫子天坛上，闲与仙人扫落花。

——《寄王屋山人孟大融》

从“贵生”而“长生”、而“神仙”的过程，李白也正是一个好例证：

黄河走东溟，白日落西海。
逝川与流光，飘忽不相待。
春容舍我去，秋发已衰改。
人生非寒松，年貌岂长在？
吾当乘云螭，吸景驻光彩。

——《古风》五十九首，其十一

在实践上，所谓“吸景驻光彩”就是呼吸吐纳之一了，他说“相煎成苦老，消烁凝津液”（《草创大还赠柳官迪》），就是说炼丹的火候的，至于他说“早服还丹无世情，琴心三叠道初成”（《庐山谣寄卢侍御虚舟》），正是《黄庭内景经》所谓“三叠琴心化胎仙”，这是说血脉和平之极，圣胎结出，便可以夺造化之功而成仙的光景，所谓“内丹”。李白又讲“炼丹费火石，采药穷山川”（《留别广陵诸公》），则是“外丹”。余如“访道”和“受箓”，李白也都孜孜不倦，这是我们在前面已经说过的了。

道教的五大根本概念：道、运、自然、贵生爱身和神仙，都处处支配着李白，所以我说李白是一个忠实的道教徒，大概是没有错的了。

我们试看道教演进的趋势，则可以见出是由抽象的而为具体的，由比喻的而为实事的，由玄学的而为科学的，由天上的而为人间的。道教的精神最合乎国人。《南史·顾欢传》有：“佛道齐乎达化，而有夷夏之别。……今以中夏之性，效西戎之法，既不全同，又不全异。下弃妻孥，上绝宗祀。嗜欲之物，皆以礼伸，孝敬之典，独以法屈。悖礼犯顺，曾莫之觉，弱丧忘归，孰识其旧。……佛教文而博，道教质而精，精非粗人所信，博非精人所能。佛言华而引，道言实而抑，抑则明者独进，引则昧者竞前。佛经繁而显，道经简而幽，幽则妙门难见，显则正路易遵，此二法之辨也。”这话就是偏袒道教的。道教的兴起，无疑是有一种“本位文化”的意味在内，所以它处处和佛对抗。我觉得它之最合乎中国人的口味者，乃在其肯定生活。道教非常现世，非常功利，有浓厚的人间味，有浓厚的原始味。我说李白的本质是生命和生活，所以他之接受道教思想是当然的了。生活上的满足是功名富贵，因此李白走入游侠；生命上的满足只有长生不老，因此李白走入神仙。

四　失败了的鲁仲连

——李白的从政

现在要说的，是李白的政治生涯。

倘若我们偶尔一想，李白一生最佩服的人物是谁？恐怕很少有机会想到是鲁仲连。但是倘若仔细翻翻李白的集子，仔细斟酌斟酌鲁仲连的格调，就一定看出李白佩服鲁仲连是很自然的了。这发现之使人惊讶，也许和发现杜甫一生所一心一意要做的人物乃是诸葛亮是一样的出人意表的吧。

在我们看，李白好像是随随便便的一个人物罢了，决不会太关心实际政治。但是在李白自己看却大不然，他最看不起骚士文人，所以他不赞成屈原：

沅湘春色还，风暖烟草绿。
古之伤心人，于此肠断续。
予非《怀沙》客，但美《采菱曲》。

所愿归东山，寸心于此足。

——《春滞沅湘有怀山中》

他不赞成阮籍：

拨乱属豪圣，俗儒安可通！

沉湎呼竖子，狂言非至公。

抚掌黄河曲，嗤嗤阮嗣宗！

——《登广武古战场怀古》

他不赞成陶潜：

九日天气清，登高无秋云。

造化辟川岳，了然楚汉分。

长风鼓横波，合沓夔龙文。

忆昔传游豫，楼船壮横汾。

今兹讨鲸鲵，旌旆何缤纷。

白羽落酒樽，洞庭罗三军。

黄花不掇手，战鼓遥相闻。

剑舞转颓阳，当时日停曛。

酣歌激壮士，可以摧妖氛。

明　王仲玉　陶渊明像

踽踽东篱下，泉明不足群。

——《九日登巴陵置酒望洞庭水军》

即他本人所自负的也是能够治国平天下的本领，也就是所谓“经济”“经纶”“济世”“济时”：

汉道昔云季，群雄方战争。
霸图各未立，割据资豪英。
赤伏起颓运，卧龙得孔明。
……
余亦草间人，颇怀拯物情。
晚途值子玉，华发同衰荣。
托意在经济，结交为弟兄。
无令管与鲍，千载独知名。

——《读诸葛武侯传书怀赠长安崔少府叔封昆季》

一身竟无托，远与孤蓬征。
千里失所依，复将落叶并。
中途偶良朋，问我将何行。
欲献济时策，此心谁见明？
……

——《邺中赠王大劝入高凤石门山幽居》

……

吟咏思管乐，此人已成灰。

独酌聊自勉，谁贵经纶才？

弹剑谢公子，无鱼良可哀。

——《玉真公主别馆苦雨赠卫尉张卿》

……

苟无济代心，独善亦何益！

……

谢公不徒然，起来为苍生。

……

留侯将绮里，出处未云殊。

终与安社稷，功成去五湖。

——《赠韦秘书子春》

他之信任自己，也远过于我们对于他的信任：

大鹏一日同风起，抟摇直上九万里。

假令风歇时下来，犹能扬却沧溟水。

世人见我恒殊调，见余大言皆冷笑。

宣父犹能畏后生，丈夫未可轻年少。

——《上李邕》

三川北虏乱如麻，四海南奔似永嘉。

但用东山谢安石，为君谈笑静胡沙。

——《永王东巡歌》十一首，其二

这在我们觉得当然是可笑的，但是李白却很当真。往大处说，他的一片心事是“经纶”“济时”，往小处说，就是“功名”“富贵”。李白说到功名富贵处，也都很坦白率真，“富贵吾自取，建功及春荣”；在他没得到的时候，也便确乎焦急慨叹，“壮志恐蹉跎，功名若云浮”（《忆襄阳旧游赠济阴马少府巨》），“富贵日成疏，愿言杳无缘”（《赠宣城宇文太守兼呈崔侍御》），“功业莫从就，岁光屡奔迫”（《淮南卧病书怀寄蜀中赵征君蕤》），这情感确乎不是甘于寂寞的人所能够了解的。

但是我们要知道，这位诗人无论用世的心多么切，他是不愿意受拘束的，他是不愿意在人之下的，做帝王既不可能，便希望做一种和帝王平等的人物，这种人当然只有说客、策士之流。因此他以张仪自况（他有“笑吐张仪舌”语，见《赠崔侍御》），他赞美留侯（他有《经下邳圮桥怀张子房》诗），倘若不幸而如祢衡的下场，他便最伤心了：

魏帝营八极，蚁观一祢衡。
黄祖斗筲人，杀之受恶名。
吴江赋《鹦鹉》，落笔超群英。
锵锵振金玉，句句欲飞鸣。
鸷鹗啄孤凤，千春伤我情。
五岳起方寸，隐然讵可平。
才高竟何施，寡识冒天刑。
至今芳洲上，兰蕙不忍生。

——《望鹦鹉洲悲祢衡》

可是这是很容易遇到的下场，所以他便处处讲究功成而退，处处讲究远祸藏身。我们同时要注意的是李白之要登政治舞台，是没有凭借的，所以他羡慕平地一声雷的人物，这样的人物例如韩信，因此他又有诗说：

韩信在淮阴，少年相欺凌。
屈体若无骨，壮心有所凭。
一遭龙颜君，啸咤从此兴。

千金答漂母，万古共嗟称。
而我竟何为，寒苦坐相仍。
长风入短袂，两手如怀冰。
故友不相恤，新交宁见矜。
摧残槛中虎，羁绁鞲上鹰。
何时腾风云，搏击申所能？

——《赠新平少年》

不过以李白那样自负之大，自居之高，却决不愿意去作揖磕头（虽然事实上仍然免不了）。他所希望的自然是有人来请，他希望坐得安安稳稳的，忽然出山，忽然立功，这样，诸葛孔明便是他理想的人物之一了，但更为理想的则是谢安，谢安是李白心目中仅次于鲁仲连的人物。谢安有好几种生活为他所歆羡，首先是高卧，所谓“谢安高卧东山，苍生属望”（《与贾少公书》），其次是像谢安那样“放情丘壑，每游赏必以妓女从”。所以他也有“携妓东土山，怅然悲谢安。我妓今朝如花月，他妓古坟荒草寒”（《东山吟》）的话；倘若一旦真为苍生而起了，他也就最高兴了：

尝高谢太傅，携妓东山门。
楚舞醉碧云，吴歌断清猿。

> 暂因苍生起，谈笑安黎元。
> 余亦爱此人，丹霄冀飞翻。
>
> ——《书情赠蔡舍人雄》

他所取于谢安的，大概尤其在其从容轻易的态度，所谓“谈笑安黎元”是，因为李白决不耐烦如临深渊、如履薄冰的小心翼翼状。在没出山之前，便高卧；既出山之后，则不改旧态。这是李白所向往的：

> 谢安四十，卧白云于东山；桓公累征，为苍生而一起，常与支公游赏，贵而不移。大人君子，神冥契合，正可乃尔。
>
> ——《江夏送倩公归汉东序》

李白既然学过道，于是在进退上也便深深地加以体会，所谓“吾不凝滞于物，与时推移。出则以平交王侯，遁则以俯视巢、由”，用李白自己的口头禅说，就是“舒卷”，他常说：“功成身不居，舒卷在胸臆。”（《商山四皓》）“卷舒固在我，何事空摧残。”（《秋日炼药院镊白发赠元六兄林宗》）谢安呢，也恰合乎这种理想，他说：

安石在东山，无心济天下。
一起振横流，功成复潇洒。
大贤有卷舒，季叶轻风雅。
匡复属何人，君为知音者！

——《赠常侍御》

但是我说过，为李白所时时刻刻、念念不忘的，则是鲁仲连。因为鲁仲连者乃是包括了方才说过的这一切资格，既是说客，又是策士，既是平地一声雷，由平凡而参与政治的，然而并没有杀身之祸，其优哉游哉地过日子，在李白看来，较谢安尤为亲切，况且鲁仲连最后的归宿，也颇像求仙的光景，其出没隐显，不可捉摸，真像龙一样了，所以便更成为李白的崇拜对象了。

我们且看《史记》上记载鲁仲连的话，劈头是：“鲁仲连者，齐人也。好奇伟俶傥之画策，而不肯仕宦任职，好持高节。”他一生的大事，一是曾经替赵平原君说服了魏的将领新垣衍，打消了尊秦为帝的举动，他反对的是秦的横暴，他说：“彼秦者，弃礼义而上首功之国也，权使其士，虏使其民。”因此即使秦一旦而为帝，那么，鲁仲连就说宁可以蹈东海而死，不忍为之民。此间难得的是鲁仲连并不是有求于平原君的，他只是为正义，再则是他的口才之强，到底说服了执拗的新垣衍，后来秦军竟因此退了五十里了，又逢巧魏公子无忌为赵解了围，这时平原君便要赏鲁仲连，鲁仲连却笑着说道："所谓贵于天下之士者，为人排患释难解纷乱而无取也。即有取者，是商贾之事也，而连不忍为也。"他终于没受赏，反倒辞却平原君，再也不见面了，这是一件事。二是过了二十多年，燕军守着聊城，田单怎么也攻不下，鲁仲连便写了一封信，用箭射入城中，这信竟感动了燕军，聊城就攻下了，田单又要给鲁仲连官做了，但是鲁仲连却又逃开，是逃到海上，他说："吾与富贵而诎于人，宁贫贱而轻世肆志焉。"这便是鲁仲连的一生。

倘若我们仔细一想的话，我们也要佩服鲁仲连的吧，既主张正义，又有才干；同时我们也不禁羡慕了，既成功，却又得到自由。李白对于鲁仲连更是佩服得五体投地的。以鲁仲连与谢安比，大概谢安潇洒则有之，却缺少豪气，他没有鲁仲连那种游侠的精神；以奇论，他又似乎没有鲁仲连那么奇特；以结果论，谢安是病死了而已，鲁仲连却逃到海上，没有下文，更难得的是，这海上却正是神仙家向往的所在；对于权势吧，谢安不过能看得很淡而已，鲁仲连却进一步，对有权势的人能够加以折服。有此种种，所以李白看鲁仲连，便更在谢安之上了。

在性格上，李白先引为同调：

○ 清 袁耀 蓬莱仙境图屏（局部）

齐有倜傥生，鲁连特高妙。

明月出海底，一朝开光曜。

却秦振英声，后世仰末照。

意轻千金赠，顾向平原笑。

吾亦澹荡人，拂衣可同调。

——《古风》五十九首，其十

他到了山东了，也特别怀想鲁仲连：

谁道泰山高，下却鲁连节。

谁云秦军众，摧却鲁连舌。

独立天地间，清风洒兰雪。

夫子还倜傥，攻文继前烈。

错落石上松，无为秋霜折。

赠言镂宝刀，千岁庶不灭。

——《别鲁颂》

对于鲁仲连的“节”，他有很深的敬意；对于鲁仲连的“舌”，他在由衷地佩服。

李白未从事政治以前，想到鲁仲连，“我以一箭书，能取聊城功。终然不受赏，羞与时人同”（《五月东鲁行答汶上翁》）；他在有所谋划时，想到鲁仲连，“恨无左车略，多愧鲁连生”（《闻李太尉大举秦兵百万出征东南懦夫请缨冀申一割之用半道病还留别金陵崔侍御十九韵》）；讲到谈笑时，他想起鲁仲连，“鲁连擅谈笑”（《献从叔当涂宰阳冰》）；他赞美别人时，还是鲁仲连，“心齐鲁连子”（《送王屋山人魏万还王屋》）。

鲁仲连之不为金钱所动，李白尤其在心上，所以他常说：“鲁连逃千金，珪组岂可酬。”（《赠崔郎中宗之》）“鲁连卖谈笑，岂是顾千金。”（《留别王司马嵩》）而鲁仲连之恬然而退的态度，因为合乎道家的思想，所以李白简直就认为可以与老子并列了：

抱玉入楚国，见疑古所闻。
良宝终见弃，徒劳三献君。
直木忌先伐，芳兰哀自焚。
盈满天所损，沉冥道为群。
东海泛碧水，西关乘紫云。
鲁连及柱史，可以蹑清芬。

——《古风》五十首，其三十六

以鲁仲连与老子并列，恐怕这是在道教徒李白的观点下，再没有别人能够得到同样荣誉的了。

鲁仲连既为李白之最理想的人物，所以李白之从政史，简直就可以说是他之学鲁仲连史。他头一次露头角便是他二十岁去见苏长史的事，其实他这次没做出什么，不过得到了一点奖语而已。他正式做政治活动是离开家乡，到了湖北，那时有他初出家门的诗：

> 渡远荆门外，来从楚国游。
> 山随平野尽，江入大荒流。
> 月下飞天镜，云生结海楼。
> 仍连故乡水，万里送行舟。
>
> ——《渡荆门送别》

在《代寿山答孟少府移文书》里，也可以见他在求仙学道与政治热的起伏中而又想用世的心情：

> 近者逸人李白自峨眉而来尔，其天为容，道为貌，不屈己，不干人，巢、由以来，一人而已。乃虬蟠龟息，遁乎此山。仆尝弄之以绿绮，卧之以碧云，嗽之以琼液，饵之以金砂。既而童颜益春，真气愈茂，将欲倚

剑天外，挂弓扶桑。浮四海，横八荒，出宇宙之寥廓，登云天之渺茫。俄而李公仰天长吁，谓其友人日：“吾未可去也，吾与尔，达则兼济天下，穷则独善一身。安能餐君紫霞，荫君青松，乘君鸾鹤，驾君虬龙，一朝飞腾，为方丈蓬莱之人耳？此则未可也。”乃相与卷其丹书，匣其瑶瑟，申管、晏之谈，谋帝王之术。奋其智能，愿为辅弼，使寰区大定，海县清一。事君之道成，荣亲之义毕，然后与陶朱、留侯，浮五湖，戏沧州，不足为难矣。

这大概是他二十五六岁时候的事。这时他开始流浪于襄汉、洞庭、金陵、扬州、汝海之间。他的生活，是一种食客的生活，所谓“遍干诸侯，历抵卿相”是，倒真有点像鲁仲连了，不过却没有什么建树，而且时时遭人们的毁谤，做食客也并不稳定；不知不觉间，他却已经三十了。中间以在安陆（湖北钟祥）为最久，他有“酒隐安陆，蹉跎十年”（《秋于敬亭送从侄耑游庐山序》）的话，其不得意是可以想见的。

三十五岁这一年他到过太原。

他之真正踏入政治舞台，是天宝元年（公元742年），他四十二岁了，得以入京。他原先在会稽，和道士吴筠在一起，吴筠因为应召到了长安了，由于玉真公主之力，便也荐他出仕。他在刚去的时候，曾很得意地作了几首诗：

出门妻子强牵衣，问我西行几日归？
归时倘佩黄金印，莫见苏秦不下机！

——《别内赴征》

白酒新熟山中归，黄鸡啄黍秋正肥。
呼童烹鸡酌白酒，儿女嬉笑牵人衣。
高歌取醉欲自慰，起舞落日争光辉。
游说万乘苦不早，著鞭跨马涉远道。
会稽愚妇轻买臣，余亦辞家西入秦。
仰天大笑出门去，我辈岂是蓬蒿人。

——《南陵别儿童入京》

我们要知道他是过了四十岁的人了，“游说万乘苦不早”，可见他一直没得到施展过。因为他想入世的心甚深，所以他的苦恼便特大。“仰天大笑出门去，我辈岂是蓬蒿人”，好像很狂，却是很真，也很苦。

他到了长安，很受当时皇帝玄宗的优待，见他的时候，是亲自下了辇，步行迎他，并且请他吃饭，亲自为他调羹，当时向他说：“卿是布衣，名为朕知，非素蓄道义，何以及

清 吴历 陶圃松菊图（局部）

此！”从此以后，便当“翰林供奉”了。所谓“翰林供奉”是唐朝有一才一艺的便可以供奉内庭的一种从官。我觉得他的地位倒很像屈原，他曾经起草过《出师诏》《答蕃书》，这也很像屈原那样“图议国事，以出号令”的光景。传说他起草《出师诏》的时候，正醉得很厉害，但是文章却仍一草而就，不加修改。

那件很风流很脍炙人口的事，却是他写《清平调》三章的一段。那时宫里新有牡丹盛开，是四棵：红的、紫的、浅红的、完全白的，皇帝便叫人移在兴庆池东沉香亭前边来。有一次当花开得最好时，皇帝和杨贵妃便乘着夜深在园里赏花。招呼了十六个唱得很好的孩子，由大音乐家李龟年领导着，正要歌唱，皇帝忽然觉得情景太好了，这么好的花儿，这么好的美人，深感旧歌词是不能表达这种情趣的，于是让李龟年拿着金花笺，专请李白作几首新歌出来。李白又是没醒酒的光景，不过立刻答应了，而且立刻交卷了，这便是那所谓《清平调》三章的名作：

云想衣裳花想容，春风拂槛露华浓。
若非群玉山头见，会向瑶台月下逢。

一枝红艳露凝香，云雨巫山枉断肠。

借问汉宫谁得似，可怜飞燕倚新妆！

名花倾国两相欢，长得君王带笑看。
解释春风无限恨，沉香亭北倚阑干。

当时把这新歌词唱了，杨贵妃拿起了玻璃七宝杯，喝着西凉州的葡萄酒，很满意地对于歌词笑着加以领受。唐明皇则吹着笛子，每当要换调子的时候，便故意迟缓一下，也向杨贵妃笑着。杨贵妃喝完了酒，便撩起裙子来，特别又向唐明皇行礼道谢。从此以后，唐明皇当然更高看李白了，对他格外优待。

不过他的不幸也就种在这幸运的一幕里。这是因为李白曾经让当时宦官高力士脱过靴子，高力士当时虽然服从，做了，但却终于怀恨在心，于是当杨贵妃又唱《清平调》的歌词的时候，便对李白加了坏话，他故意问杨贵妃说："我原以为妃子应该怨李白了，为什么妃子还这么念念不忘呢？"这么一问，杨贵妃果然莫名其妙了。高力士因而说："他把你比作赵飞燕，还不是骂你吗？"杨贵妃一想，很对啊。所以此后唐明皇好几次要重用李白，都被杨贵妃破坏了。这件事虽然不敢说是李白唯一在政治上失败的原因，但至少是失败的重要原因之一。

清　康涛　华清出浴图（局部）

李白在长安的交游很多，尤其著称的，是所谓酒中八仙，杜甫有《饮中八仙歌》，可以见出当时的盛况。

知章骑马似乘船，眼花落井水底眠。
汝阳三斗始朝天，道逢曲车口流涎，
恨不移封向酒泉。
左相日兴费万钱，饮如长鲸吸百川，
衔杯乐圣称避贤。
宗之潇洒美少年，举觞白眼望青天，
皎如玉树临风前。
苏晋长斋绣佛前，醉中往往爱逃禅。
李白一斗诗百篇，长安市上酒家眠，
天子呼来不上船，自称臣是酒中仙。
张旭三杯草圣传，脱帽露顶王公前，
挥毫落纸如云烟。
焦遂五斗方卓然，高谈雄辩惊四筵。

知章是贺知章，一见李白就呼为“谪仙人”的，大概和李白尤其同调了。李白在长安的生活，简直就是一个酒徒的生活，他有许多关于酒的诗，都是这时作的：

天若不爱酒，酒星不在天。
地若不爱酒，地应无酒泉。
天地既爱酒，爱酒不愧天。
已闻清比圣，复道浊如贤。
贤圣既已饮，何必求神仙？
三杯通大道，一斗合自然。
但得醉中趣，勿为醒者传。

——《月下独酌》四首，其二

三月咸阳时，千花昼如锦。
谁能春独愁，对此径须饮。
穷通与修短，造化夙所禀。
一樽齐死生，万事固难审。
醉后失天地，兀然就孤枕。
不知有吾身，此乐最为甚。

——《月下独酌》四首，其三

穷愁千万端，美酒三百杯。
愁多酒虽少，酒倾愁不来。
所以知酒圣，酒酣心自开。
辞粟卧首阳，屡空饥颜回。

当代不乐饮，虚名安用哉！
蟹螯即金液，糟丘是蓬莱。
且须饮美酒，乘月醉高台。

——《月下独酌》四首，其四

从前人说陶潜诗篇篇有酒，其实李白或者更可以当得起这句话的。而且我觉得像李白在这里所说的“醉后失天地，兀然就孤枕”“酒倾愁不来”“酒酣心自开”，这种非饮酒的人不能有的体会，就是陶潜却也还没写过。

从李白在长安之耽于酒徒的生活看，我们可以想象他过的日子并不是太随心的，他虽然用世之心很切，然而终于这生活背于他的性格：

晨趋紫禁中，夕待金门诏。
观书散遗帙，探古穷至妙。
片言苟会心，掩卷忽而笑。
青蝇易相点，《白雪》难同调。
本是疏散人，屡贻褊促诮。
云天属清朗，林壑忆游眺。
或时清风来，闲倚栏下啸。
严光桐庐溪，谢客临海峤。

功成谢人君，从此一投钓。

——《翰林读书言怀呈集贤院内诸学士》

在“片言苟会心，掩卷忽而笑”的书呆子，当然会逢到“屡贻褊促诮”的，况且又“本是疏散人”呢？有种捉襟见肘的苦闷在蓄积着，这是不言而喻的。

因此他虽然在热闹场中，却隐然有去志，得到入世，便又想要出世了：

出门见南山，引领意无限。
秀色难为名，苍翠日在眼。
有时白云起，天际自舒卷。
心中与之然，托兴每不浅。
何当造幽人，灭迹栖绝巘？

——《望终南山寄紫阁隐者》

暮从碧山下，山月随人归。
却顾所来径，苍苍横翠微。
相携及田家，童稚开荆扉。
绿竹入幽檀，青萝拂行衣。
欢言得所憩，美酒聊共挥。

长歌吟松风，曲尽河星稀。

我醉君复乐，陶然共忘机。

——《下终南山过斛斯山人宿置酒》

倘若一个人对社会国家不关切，纯粹不想用世，这不够一个诗人；但倘若一个人果然用世了，却能够和愚妄的社会合作得来，却也不够一个诗人。李白的热情使他不甘于寂寞，李白的纯真却又使他不能妥协。

李白在长安不过三年，便只好出走了。他有《初出金门寻王侍御不遇咏壁上鹦鹉》诗："落羽辞金殿，孤鸣托绣衣。能言终见弃，还向陇山飞。"这是才离开长安时作的。他又开始了他的流浪生活了，不过在寂寞中却还是跃跃欲试地再想从政：

我浮黄河去京关，挂席欲进波连山。

天长水阔厌远涉，访古始及平台间。

平台为客忧思多，对酒遂作《梁园歌》。

却忆蓬池阮公咏，因吟"渌水扬洪波"。

洪波浩荡迷旧国，路远西归安可得？

人生达命岂暇愁，且饮美酒登高楼。

平头奴子摇大扇，五月不热疑清秋。

北宋　赵佶　摹张萱捣练图（局部）

玉盘杨梅为君设，吴盐如花皎白雪。
持盐把酒但饮之，莫学夷齐事高洁。
昔人豪贵信陵君，今人耕种信陵坟。
荒城虚照碧山月，古木尽入苍梧云。
梁王宫阙今安在？枚马先归不相待。
舞影歌声散渌池，空余汴水东流海。
沉吟此事泪满衣，黄金买醉未能归。
连呼五白行六博，分曹赌酒酣驰晖。
歌且谣，意方远，
东山高卧时起来，欲济苍生未应晚。

——《梁园吟》

这便又是老调了，还是想“欲济苍生”。想虽然这样想，流浪却还得流浪。这期间他又到了金陵，有作的诗是：

凤凰台上凤凰游，凤去台空江自流。
吴宫花草埋幽径，晋代衣冠成古丘。
三山半落青天外，一水中分白鹭洲。
总为浮云能蔽日，长安不见使人愁。

——《登金陵凤凰台》

可见他一时一刻没忘了要回到长安去，只是遭小人之忌，又难以和小人们周旋而已。他又重到过山东，逢巧有他的族弟要到长安去了，他便很感慨地写着他的心事：

尔从咸阳来，问我何劳苦。
沐猴而冠不足言，身骑土牛滞东鲁。
况弟欲行凝弟留，孤飞一雁秦云秋。
坐来黄叶落四五，北斗已挂西城楼。
丝桐感人弦亦绝，满堂送客皆惜别。
卷帘见月清兴来，疑是山阴夜中雪。
明日斗酒别，惆怅清路尘。
遥望长安日，不见长安人。
长安宫阙九天上，此地曾经为近臣。
一朝复一朝，发白心不改。
屈平憔悴滞江潭，亭伯流离放辽海。
折翮翻飞随转蓬，闻弦虚坠下霜空。
圣朝久弃青云士，他日谁怜张长公。

——《单父东楼秋夜送族弟况之秦》

“长安宫阙九天上，此地曾经为近臣”，一切已经陷在回忆中了。他继续着各地流浪，到过燕，到过赵，到过邠、岐，到

○ 唐 李昭道 明皇幸蜀图（局部）

过会稽、淮泗，徘徊于梁、宋之间，有十年的光阴消耗在漫游里。这时他最大的收获也许是在山东所受的道箓吧，可是他已经成了五十四岁的老人了。

霹雳一声，出了一件大事变，这就是天宝之乱，这是天宝十四载（公元755年）的事。我们知道，在一个普通人遇见这一次大事变，还要震动，何况情感那么容易激动的诗人李白！所以他既忧愁，又愤恨：

西上莲花山，迢迢见明星。
素手把芙蓉，虚步蹑太清。
霓裳曳广带，飘拂升天行。
邀我登云台，高揖卫叔卿。
恍恍与之去，驾鸿凌紫冥。
俯视洛阳川，茫茫走胡兵。
流血涂野草，豺狼尽冠缨。

——《古风》五十九首，其十九

这首诗很能代表李白，因为又是天上，又是地下，正表现他时时没忘了超出人间，但又时时没忘情于人间。当安禄山带着胡汉杂军从北方进到洛阳一带，又西进，眼看入了长安的时候，玄宗便逃入蜀中。这时国家危急万分，入蜀当然是下策，因为如此更失却镇定国家的力量，所以很多人便反对这件事。李白作《蜀道难》，诗家多以为为玄宗作，我觉得很对，他处处说蜀道的艰难，中间屡屡点明，“问君西游何时还”，“嗟尔远道之人胡为乎来哉”，“锦城虽云乐，不如早还家”，他是真在着急得没法没法的了。我们想，李白是在四川生长起来的，对于四川的地势本不必这样大惊小怪；倘若真为一个友人而作，这友人非有极大的事件，不值得他这种担心和叮嘱；况且他又说：“剑阁峥嵘而崔嵬，一夫当关，万夫莫开。所守或匪人，化为狼与豺。朝避猛虎，夕避长蛇，磨牙吮血，杀人如麻。”这当然是指着政变，又明明指责当时用人的不当了。李白这时是在宣城一带，因为越不在跟前，便越发代为忧虑，所以他说：“侧身西望长咨嗟。”李白和皇帝的关系，颇如屈原和皇帝的关系，他们几乎超乎君臣，而近于友情。因为他们是在一块玩，曾赏过同样的花，曾守着过同样的美人，一旦为小人所离间，又逢到出了乱子，当然在感情上很有动于中。倘若我们不从这一点去体会，我们没法了解诗人的心情。现代人只知道他们忠君就嗤为奴性的，固然不能明白他们，但从前人所认为的他们的“忠君”，也何尝不隔一层？

李白刚离开长安不久，已经是“长安不见使人愁”了，现在那情景自然又不同，所以几乎处处伤心：

胡人吹玉笛，一半是秦声。

十月吴山晓，《梅花》落敬亭。

愁闻《出塞》曲，泪满逐臣缨。

却望长安道，空怀恋主情。

——《观胡人吹笛》

李白这时过着一种逃难的生活，例如他有《宿五松山下荀媪家》诗：

我宿五松下，寂寥无所欢。

田家秋作苦，邻女夜舂寒。

跪进凋胡饭，月光明素盘。

令人惭漂母，三谢不能餐。

“凋胡”就是茭白，大概是饭里掺的一种菜，我们很可以想象他是饥不择食了。他又有《经乱后将避地剡中留赠崔宣城》：

……

中原走豺虎，烈火焚宗庙。

……

四海望长安，颦眉寡西笑。
苍生疑落叶，白骨空相吊。
连兵似雪山，破敌谁能料。
……
闷为洛生咏，醉发吴越调。
……
无以墨绶苦，来求丹砂要。
华发长折腰，将贻陶公诮。

从诗里看，这时的时局还没有一线曙光，他因为政治上的变动，又感到渺茫了，所以便又想学陶潜，又想学神仙。不过，在这“短服改胡衣”“俗变羌胡语”的局面下，他没忘了要做鲁仲连：

谈笑三军却，交游七贵疏。
仍留一只箭，未射鲁连书。

——《奔亡道中》

这真是能令我们失笑的。

时局不能一天平靖下来，他继续他的奔亡生活。这时唐肃宗在灵武（属于现在的宁夏）即位了，已经改元为至德元

北宋　郭熙　雪山行旅图（局部）

载（公元756年），李白也五十六岁。他到了庐山。有玄宗的第十六子所谓永王璘的，原先是荆州大都督，这时奉诏任山东南路及岭南黔中江南西路四道节度采访等使，因为看见江南富庶又加上部下怂恿，却想独立起来。李白是当时的名人喽，便遭了劫持，从庐山被迫入永王的水军之中。这时他有作的《在水军宴韦司马楼船观妓》《在水军宴赠幕府诸侍御》，在后者里便有下面这样的话：

……
浮云在一决，誓欲清幽燕。
愿与四座公，静谈金匮篇。
齐心戴朝恩，不惜微躯捐。
所冀旄头灭，功成追鲁连。

可见李白的国家意识很强，他想“清幽燕”，同时又见他时时想实现他学鲁仲连的理想。

不过这一次从政又失败了，原因是永王璘独立失败了。这次失败很快，只是次年的事，就是公元757年，李白五十七岁了。李白也随着逃亡，逃到彭泽，却被捕了，入了浔阳狱。他在狱中有《系寻阳上崔相涣》的诗：“邯郸四十万，同日陷长平。能回造化笔，或冀一人生。”这是说他原想以文字之力，而救苍生的，不过失败被捕了，这被捕却有点冤枉，他所以又说："毛遂不堕井，曾参宁杀人。"这时他愤慨至极，又作有《万愤词投魏郎中》，他说："兄九江兮弟三峡，悲羽化之难齐。穆陵关北愁爱子，豫章天南隔老妻。一门骨肉散百草，遇难不复相提携。"穆陵是山东沂水，豫章是南昌，老妻和爱子，可以说都在天南地北了。他又说："树榛拔桂，囚鸾宠鸡。"家庭的亲人即隔绝如彼，世界上愚妄的人又不辨别是非如此，所以李白真受了无限的委屈，他便更激昂地说："德自此衰，吾将安栖。好我者恤我，不好我者何忍临危而相挤。"在这世界上，事情往往是如此不可解的，和我们好的救我们，不和我们好的不救我们也就罢了，然而不然，他们却还要更进一步，乃是加以陷害——这回却苦了我们这位鲁仲连了！

幸而宣慰大使崔涣和御史中丞宋若思为他"推覆清雪"，逢巧若思带兵到河南，便把他放了，并请他参谋军事，他这时有诗道：

独坐清天下，专征出海隅。
九江皆渡虎，三郡尽还珠。
组练明秋浦，楼船入郢都。
风高初选将，月满欲平胡。

杀气横千里，军声动九区。
白猿惭剑术，黄石借丘符。
戎虏行当剪，鲸鲵立可诛。
自怜非剧孟，何以佐良图？
——《中丞宋公以吴兵三千赴河南军次寻阳脱余之囚参谋幕府因赠之》

从“戎虏行当剪，鲸鲵立可诛”看来，李白大概也颇实用，而且能够着眼在大处，后人却只注意他放浪于酒了，所以不能认识他这治事的一方面的才能。

宋若思这时不特请他参谋幕府，还要荐他到朝廷里去，我们现在在李白的集子中还存有宋若思的那篇《荐表》[①]，文却是由李白代笔：

臣某闻，天地闭而贤人隐，云雷屯而君子用。臣伏见前翰林供奉李白，年五十有七。天宝初，五府交辟，不求闻达，亦由子真谷口，名动京师。上皇闻而悦之，召入禁掖。既润色于鸿业，或间草于王言，雍容揄扬，特见褒赏。为贱臣诈诡，遂放归山，闲居制作，言盈数

①《荐表》：指李白替宋若思撰写的《为宋中丞自荐表》。——编者注

> 万。属逆胡暴乱，避地庐山，遇永王东巡胁行，中道奔走，却至彭泽。具已陈首。前后经宣慰大使崔涣及臣推覆清雪，寻经奏闻。……臣所管李白，实审无辜，怀经济之才，抗巢、由之节。文可以变风俗，学可以究天人，一命不沾，四海称屈。……昔四皓遭高皇而不起，翼惠帝而方来，君臣离合，亦各有数，岂使此人名扬宇宙，而枯槁当年。传曰：举逸人而天下归心。伏惟陛下，回太阳之高晖，流覆盆之下照，特请拜一京官，献可替否，以光朝列，则四海豪俊，引领知归。不胜偻偻之至，敢陈荐以闻。

但是这一篇《荐表》并没有反响，反倒不幸的事件来到了，是在乾元元年（公元758年），朝廷终于因为李白参加永王的事件不能释然，便把这位五十八岁的诗人要流放到夜郎去了。李白回忆起从前的时候：

> 昔在长安醉花柳，五侯七贵同杯酒。
> 气岸遥凌豪士前，风流肯落他人后？
> 夫子红颜我少年，章台走马著金鞭。
> 文章献纳麒麟殿，歌舞淹留玳瑁筵。
> 与君自谓长如此，宁知草动风尘起。

函谷忽惊胡马来，秦宫桃李向胡开。

我愁远谪夜郎去，何日金鸡放赦回。

——《流夜郎赠辛判官》

十几年的工夫，国家的变化那么大，自己的遭遇这么飘零！夜郎是在贵州的北部桐梓县一带的，当他走到江夏的时候，便作有《流夜郎至江夏陪长史叔及薛明府宴兴德寺南阁》诗，又有《泛沔州城南郎官湖》诗，在后者的序中有“乾元岁秋八月，白迁于夜郎”的字样。他到了上峡，又有《流夜郎至西塞驿寄裴隐》诗。路上，他又想起秋浦（现在安徽南部至德县）一带的风光来了，他不能忘情。

桃花春水生，白石今出没。

摇荡女萝枝，半挂青天月。

不知旧行径，初拳几枝蕨。

三载夜郎还，于兹炼金骨。

——《忆秋浦桃花旧游时窜夜郎》

政治上的打击既然那样，所以他又想到做神仙。他原先以为要流放三年的，所以他说“三载夜郎还”。然而谁知道又出了他的意料之外的，是在次年（乾元二年，公元759年），却

○ 清 王时敏 杜甫诗意图册（局部） 八

遇赦了。另一种说法，则说是本来当诛，由于郭子仪的力量（李白生前救过郭子仪的），以去就争，才保全了性命。（宋乐史《李翰林别集序》）我觉得这也并非不可能，只是他被放到夜郎，还没等走到，就被赦还了，这却是毫无问题的，这在他的作品中可以考见。例如他有《流夜郎半道承恩放还兼欣克复之美书怀示息秀才》诗：

……

得罪岂怨天，以愚陷网目。

鲸鲵未翦灭，豺狼屡翻覆。

悲作楚地囚，何由秦庭哭！

遭逢二明主，前后两迁逐。

去国愁夜郎，投身窜荒谷。

半道雪屯蒙，旷如鸟出笼。

遥欣克复美，光武安可同？

天子巡剑阁，储皇守扶风。

……

左扫因右拂，旋收洛阳宫。

回舆入咸京，席卷六合通。

……

大驾还长安，两日忽再中。

一朝让宝位，剑玺传无穷。
愧无秋毫力，谁念矍铄翁？
弋者何所慕，高飞仰冥鸿。
弃剑学丹砂，临炉双玉童。
寄言息夫子，岁晚陟方蓬。

这时国家的秩序已经渐次恢复，玄宗和肃宗也都回了长安，玄宗便立时让位于肃宗，诗中就是指这些事。“遭逢二明主，前后两迁逐”，指上次玄宗听谗逐放，和这次肃宗要加以远流，上次的逐放不很严重，只是不得接近而已，地点也不确定，这次严重多了。这情形和屈原的遭遇太相像了。

李白被赦以后，便又回到江夏一带，失意之余，就好像旷达起来：

去岁左迁夜郎道，琉璃砚水长枯槁。
今年敕放巫山阳，蛟龙笔翰生辉光。
圣主还听《子虚赋》，相如却欲论文章。
愿扫鹦鹉洲，与君醉百场。
啸起白云飞七泽，歌吟渌水动三湘。
莫惜连船沽美酒，千金一掷买春芳。

——《自汉阳病酒归寄王明府》

其实他却是很苦闷的，因为他处处不得伸展，正经五十九岁的人了，一切抱负眼看就是一串幻影。在别人这时或者颓唐，或者恬淡了的吧。然而因为是李白，李白那生命力，那对于生活的要求，却依然催动着他，支配着他，而且依然十分强烈，所以不但不颓唐，不恬淡，反而使他觉得一旦不如意了，则不惜破坏一切，打倒一切：

胡骄马惊沙尘起，胡雏饮马天津水。
君为张掖近酒泉，我窜三巴九千里。
天地再新法令宽，夜郎迁客带霜寒。
西忆故人不可见，东风吹梦到长安。
宁期此地忽相遇，惊喜茫如堕烟雾。
玉箫金管喧四筵，苦心不得伸一句。
昨日绣衣倾绿樽，病如桃李竟何言？
昔骑天子大宛马，今乘款段诸侯门。
赖遇南平豁方寸，复兼夫子持清论。
有似山开万里云，四望青天解人闷。
人闷还心闷，苦辛长苦辛。
愁来饮酒二千石，寒灰重暖生阳春。
山公醉后能骑马，别是风流贤主人。

头陀云月多僧气，山水何曾称人意。
不然鸣笳按鼓戏沧流，呼取江南女儿歌棹讴。
我且为君捶碎黄鹤楼，君亦为我倒却鹦鹉洲。
赤壁争雄如梦里，且须歌舞宽离忧！

——《江夏赠韦南陵冰》

到了这时候，就是平常爱的大自然也不好起来了，“头陀云月多僧气”，觉得腻得慌，“山水何曾称人意”，觉得也不足以安慰内心的烦闷与焦急，所以只有找什么东西来捶碎了吧，找什么东西来倒却了吧，这真是一个活人的情感！我们不要忘了，这是发自一个五十九岁的老人！所以，我们可以看出李白生命力之丰盛为何如，李白之能够始终代表了青年人的新鲜血液处为何如了！我们在这机会，又不妨拿李义山和李白做一个比较了，他们同是情感上极其发达的人物，但是李义山的力量永远向里边缩，永远像蚕一样，作茧自缚，真是“春蚕到死丝方尽”似的，李白却不然，他的力量永远往外面施放，所以一不如意，他就要毁灭一切了！同是不如意，在李义山只有悲哀，但是在李白却是加上烦躁，因为李白为那要求一切的生命力所激扰故！

李白这次重又徘徊在江夏了，但却仍没忘了要当鲁仲连，他有《江夏寄汉阳辅录事》诗：

谁道此水广，狭如一匹练。
江夏黄鹤楼，青山汉阳县。
大语犹可闻，故人难可见。
君草陈琳檄，我看鲁连箭。……

只是这位鲁仲连的箭却始终没有发的机会。

所有包括了李白到此为止的生活经历的，是见之于他那《经乱离后天恩流夜郎忆旧游书怀赠江夏韦太守良宰》八百多字的长诗。开头说“……仙人抚我顶，结发受长生”，这是说自幼学道的；接着，“误逐世间乐，颇穷理乱情。……试涉霸王略，将期轩冕荣”，这是说他三十多岁在安陆流落的一段，想用世的；然而，“时命乃大谬，弃之海上行”，因为不得志，便到了山东；至于用世方面的准备功夫，则感到“学剑翻自哂，为文竟何成！”但是因为自己的文章却确乎有名了，这时已经是“文窃四海声”，便得以入京，既入京，却又幻灭，只好出走，那时是“儿戏不足道，五噫出西京。临当欲去时，慷慨泪沾缨”，他已是四十岁以上的人了；以后说他到了北方，“十月到幽州，戈铤若罗星。君王弃北海，扫地借长鲸。呼吸走百川，燕然可摧倾”，这是说他对安禄山的谋乱已经观察出来了，不过“心知不得语，却欲栖蓬瀛”，说既不能说，便又想学仙远祸；他很慨叹于自己才具之没人赏识，所以他说：“无人贵骏骨，绿耳空腾骧。乐毅倘再生，于今亦奔亡。”没了办法，便只好享乐了，过一种“贤豪间青娥，对烛俨成行。醉舞粉绮席，清歌绕飞梁”的生活；不久果然天宝之乱作，“炎凉几度改，九土中横溃。汉甲连胡兵，沙尘暗云海。草木摇杀气，星辰无光彩。白骨成丘山，苍生竟何罪”，因为用人不当，措置不宜，结果，“二圣出游豫，两京遂丘墟”，皇帝和太子也逃亡了，洛阳和长安也让给贼寇了；这便到了永王璘被召节制江南的时候，那混乱的情形，“人心失去就，贼势腾风雨”，恐怕谁也没有主张了；而李白却正在庐山又要修道炼丹，“仆卧香炉顶，餐霞漱瑶泉。门开九江转，枕下五湖连”，刚有点得意，只因为他的名声太大了，便被胁迫了去，“半夜水军来，寻阳满旌旃。空名适自误，迫胁上楼船”。他这一回真要学鲁仲连了，想不要官，不要钱，然而并不行，“徒赐五百金，弃之若浮烟。辞官不受赏，翻谪夜郎天”，结果还得要流亡到夜郎去；他形容他所到的地方的景色，并叙他那时的心情：“樊山霸气尽，寥落天地秋。江带峨眉雪，川横三峡流。万舸此中来，连帆过扬州。送此万里目，旷然散我愁。纱窗倚天开，水树绿如发。窥日畏衔山，促酒喜得月。”在失意中而旷达，这正是李白的本色；最后则说道：“传闻赦书至，却放夜郎回。”所有这一切几乎是他一生的生活之缩影。倘若在别人，已经快六十岁了，失败得已经够受了，似乎可以死心，却因为李白并不是以自了汉为满足的，他这时却依然“中夜四五叹，常为大国忧”，并且还希望：“安得羿善射，一箭落旄头！”一个人之有价值，也正在这超乎自己利害以上的一点痴情，诗人之所以为诗人尤其于此系之！

李白的政治生涯（假若说有的话），到这里已经成了尾声。他在江夏没有多久，就又到浔阳，我想那有名的《庐山谣寄卢侍御虚舟》，应该作于此时：

我本楚狂人，凤歌笑孔丘。
手持绿玉杖，朝别黄鹤楼。
五岳寻仙不辞远，一生好入名山游。
庐山秀出南斗傍，屏风九叠云锦张，
影落明湖青黛光。
金阙前开二峰帐，银河倒挂三石梁。
香炉瀑布遥相望，回崖沓嶂崚苍苍。
翠影红霞映朝日，鸟飞不到吴天长。
登高壮观天地间，大江茫茫去不还。
黄云万里动风色，白波九道流雪山。
好为庐山谣，兴因庐山发。

宣統御覽之寶

○ 清　吴历　云白山青图（局部）

闲窥石镜清我心，谢公行处苍苔没。
早服还丹无世情，琴心三叠道初成。
遥见仙人彩云里，手把芙蓉朝玉京。
先期汗漫九垓上，愿接庐敖游太清。

他说朝别黄鹤楼，正是由江夏、岳阳一带而来。他又到过金陵，次则往来于宣城、历阳二郡（都是安徽南部）之间，最后依着他的族叔李阳冰，住在当涂，李阳冰当时是当涂令。他作的《九日龙山饮》：

九日龙山饮，黄花笑逐臣。
醉看风落帽，舞爱月留人。

和《九月十日即事》：

昨日登高罢，今朝更举觞。
菊花何太苦，遭此两重阳。

即作于这时。这已经是宝应元年（公元762年）了，四月，代宗立，代宗搜罗贤人，便拜他为左拾遗，可是命令刚下不久，李白就在当涂死了。这是这一年十一月的事，李白死时六十二岁。

在人间热烈地追求了一生的李白却终于寂寞地离开了！“东山高卧时起来，欲济苍生未应晚”，“却秦振英声，后世仰末照”，这些曾经强烈地作为追求的对象，结果换来了空虚和渺茫，诗人之成为诗人固然确定了，事业终于陷在模糊的幻灭中了。

五　李白的文艺造诣与谢朓

像李白在事业上有他唯一的向往的人物鲁仲连一样，在文艺上也有他最崇拜的一个人物，这便是谢朓。他在集中提到谢朓的时候非常之多，特别是到了谢朓所常到的地方，便更令他追怀无穷：

江山如画里，山晚望晴空。
两水夹明镜，双桥落彩虹。
人烟寒橘柚，秋色老梧桐。
谁念北楼上，临风怀谢公？

——《秋登宣城谢朓北楼》

谢亭离别处，风景每生愁。
客散青天月，山空碧水流。
池花春映日，窗竹夜鸣秋。

今古一相接，长歌怀旧游。

——《谢公亭》（原注：盖谢朓、范云之所游）

李白的晚年，从夜郎之放被赦回以后，便徘徊于宣城的附近，大概也就正因为宣城是谢朓的足迹所在的缘故了。在李白追怀谢朓的诗中，尤其以《宣州谢朓楼饯别校书叔云》为最佳：

弃我去者，昨日之日不可留；

乱我心者，今日之日多烦忧。

长风万里送秋雁，对此可以酣高楼。

蓬莱文章建安骨，中间小谢又清发。

俱怀逸兴壮思飞，欲上青天览明月。

抽刀断水水更流，举杯消愁愁更愁。

人生在世不称意，明朝散发弄扁舟。

李白对于谢朓的诗，崇拜得很认真——我说过，李白对什么事都很认真的。他在《新林浦阻风寄友人》诗中有“明发新林浦，空吟谢朓诗”，这是因为谢朓有《之宣城出新林浦向版桥》：

江路西南永，归流东北骛。
天际识归舟，云中辨江树。
旅思倦摇摇，孤游昔已屡。
既欢怀禄情，复协沧州趣。
嚣尘自兹隔，赏心于此遇。
虽无玄豹姿，终隐南山雾。

他在《酬殷佐明见赠五云裘歌》中有“我吟谢朓诗上语，朔风飒飒吹飞雨”，这是因为谢朓有《观朝雨》：

朔风吹飞雨，萧条江上来。
既洒百常观，复集九成台。
空濛如薄雾，散漫似轻埃。
平明振衣坐，重门犹未开。
耳目暂无扰，怀古信悠哉！
戢翼希骧首[1]，乘流畏曝鳃。
动息无兼遂，歧路多徘徊。
方同战胜者，去翦北山莱。

①戢翼：敛翼停飞，比喻归隐不仕。骧：原指后右足白的马，此处指昂首。

其他如他在《游敬亭寄崔侍御》中有："我家敬亭下，辄继谢公作。相去数百年，风期宛如昨。"这是因为谢朓有"交藤荒且蔓，樛枝耸复低"的《游敬亭山》诗；他在《金陵城西楼月下吟》中有："月下沉吟久不归，古来相接眼中稀。解道澄江净如练，令人长忆谢玄晖。"这是因为谢朓有"余霞散成绮，澄江静如练"的《晚登三山还望京邑》诗。在李白以前的其他任何诗人，都没有像谢朓这样使他赞叹、激赏过！

李白对于谢朓，我疑惑不只是因为诗之故而纪念他的，恐怕与谢朓的遭遇也有关：

天上何所有，迢迢白玉绳。
斜低建章阙，耿耿对金陵。
汉水旧如练，霜江夜清澄。
长川泻落月，洲渚晓寒凝。
独酌板桥浦，古人谁可征？
玄晖难再得，洒酒气填膺。

——《秋夜板桥浦泛月独酌怀谢朓》

从"洒酒气填膺"看，知道李白是为他的不幸的收场而抱不平的。我们知道，谢朓是生于公元464年，早于李白之

南宋　佚名　水村楼阁图页

生二百三十七年，他小时就好学，有美名，因为“逢昏属乱，先蹈祸机”（《南齐书》卷四十七，《谢朓传》）。他下狱死的时候才三十六岁。他善草隶，长五言诗，沈约曾经常说：“二百年来，无此诗也！”

就《谢朓传》上的话，说他“文章清丽”；《诗品》上则一方面说他“微伤细密”，一方面又说“奇章秀句，往往警遒”，前者大概是由于“丽”得过分之故，后者却就是“清”的注脚。李白对于谢朓的推崇处则也只在“清”而不在“丽”。李白一则说“中间小谢又清发”，再则说“诗传谢朓清”（《送储邕之武昌》），语凡数见，说到谢朓的“丽”处，却几乎只字没有。谢朓是李白在文艺上最爱的一个人物，因此在我们诗人便只道其长，而不言其短了。

李白对于文艺的见解，是见之于他那《古风》的头一首。他说，“大雅久不作，吾衰竟谁陈”，“正声何微茫，哀怨起骚人”，我们可以清清楚楚地知道他的见地是古典的。在同一首诗里，他又说：“自从建安来，绮丽不足珍。圣代复元古，垂衣贵清真。”便又知道他所提出来的标准即是“清真”。谢朓够这个标准，所以他推崇谢朓。

因为我们把“清真”两个字看得太惯了，不大理会它的特殊的意义。现在我要特别提醒的，乃是李白这一种文学观，是从他的道教思想一贯下来的。“清真”，在李白用，并不限于对诗，乃是指一种风度，所以他形容王右军时便有：“右军本清真，潇洒在风尘。”而这一种风度，却又直然是道教人格的理想，所以他说：“还家守清真，孤洁励秋蝉。炼丹费火石，采药穷山川。”（《留别广陵诸公》）

从“潇洒”“孤洁”的字样看，我们可以把握“清真”的意义。“清”就是不浊，所以说“潇洒”；“真”就是不虚饰，不矫揉，这样当然不能随和流俗了，因此便又说“孤洁”。李白如何而有这样潇洒不浊的理想？这完全是因为李白有了“道”和“运”的观念以后，所以自然觉得“一身自潇洒，万物何嚣喧”的缘故。李白如何而有这样不虚饰、不矫揉，认真而不从流俗的理想？这就完全是因为李白由道教的“自然”观念出发，而爱淳朴，而以为现在“朴散不尚古，时讹皆失真”之故（参看本书下篇第三章《道教思想之体系与李白》，我所谓道教的第一个根本概念，和第三个根本概念）。在不经意之间，一个诗人的精神是多么有着体系性和统一性，现在我们可以看得出！

在谢朓的诗里，因为时代之故，“清”则有之，“真”却还没能充分地表现出来，李白的诗却就非常显然了，极其“真”。我常觉得李白的可爱，就在他“真”得不掩其矛盾，“真”得不掩其有棱角：一会是陶潜，一会是孔子，一会是谢安，一会是鲁仲连；又是神仙，又是说客，又是宰相，又是大将。在不了解他的人，一定有莫名其妙之感了。

我现在再举他一首诗，以见他那像孩子样的纯真，或者天真吧：

小妓金陵歌楚声，家僮丹砂学凤鸣。
我亦为君饮清酒，君心不肯向人倾。
——《出妓金陵子呈卢六》

我想恐怕从来的诗人不会把内心对人的怨和不满写得这么露骨的。这真好像一个小孩子张着手向大人要糖而得不到的神情了！他也非常重视这种“真”，所以他说：“若使巢、由桎梏于轩冕兮，亦奚异乎夔龙蹩躠于风尘？哭何苦而救楚？笑何夸而却秦？吾诚不能学二子沽名矫节以耀世兮，固将弃天地而遗身。白鸥兮飞来，长与君兮相亲。”（《鸣皋歌送岑征君》）到了他一认真的时候，就是他所喜欢的鲁仲连也奚落起来了！他一认真，便对于所热切追求的富贵，也撒手弃之了，因此也就无怪乎他事业上失败了——然而，这是光荣的失败！

以上所说的“真”是从内容上说起的，表现在技巧上的“真”却便是“自然”。“自然”就正是不虚饰，不矫揉，朴实无华，一点人工斧凿痕不能有的光景。这在李白的诗中是做到的。“小时不识月，呼作白玉盘”（《古朗月行》），“郎今欲渡缘何事？如此风波不可行”（《横江词》），“南船正东风，北船来自缓。江上相逢借问君，语笑未了风吹断”（《寄韦南陵冰余江上乘兴访之寻颜尚书笑有此赠》），“两人对酌山花开，一杯一杯复一杯。我醉欲眠卿且去，明朝有意抱琴来”（《山中与幽人对酌》），都自然到可惊的地步！这种自然，是超过了谢朓的。

不错，“清真”是李白对于诗所要求的一个标准；不错，李白以这个标准而选择了谢朓。但是李白自己的诗，却决不能以“清真”尽之。李白诗的特色，还是在他的豪气，“黄河之水天上来”，这是再好也没有的对于他的诗的写照了！在一种不能包容的势派之下，他的诗一无形式！或者更恰当地说，正是康德（Kant）那意见，天才不是规律的奴隶，而是规律的主人（Das Genie ist Meister der Regelu und nicht ibr Sklave），李白是充分表现出来了！他的才气随时可以看得出来：“顿惊谢康乐，诗兴生我衣。襟前林壑敛暝色，袖上云霞收夕霏。”（《酬殷佐明见赠五云裘歌》）他的观察，随地有出奇独得处：“秋浦锦驼鸟，人间天上稀。山鸡羞渌水，不敢照毛衣。”（《秋浦歌》）

说到根本处，我们还得归到老话，所有这一切，只是由于生命力充溢之故，而这生命力，又经过道教的精神洗礼之故。因此，他毫无尘土气，他一空倚傍；在那精神的深处，

明　仇英　桃源仙境图（局部）

光芒四射而出，万物经这光芒的照耀，跑到了他的笔端的，也便都有着剔透玲珑的空灵清新之感了！“我觉秋兴逸，谁云秋兴悲”（《秋日鲁郡尧祠亭上宴别杜补阙范侍御》），这代表了李白一切的洒脱的风度！

凡是李白最成功的作品，例如那“西上莲花山，迢迢见明星。……俯视洛阳川，茫茫走胡兵”的《古风》，“五花马，千金裘，呼儿将出换美酒，与尔同销万古愁”的《将进酒》，“清风朗月不用一钱买，玉山自倒非人推。舒州杓，力士铛，李白与尔同死生，襄王云雨今安在，江水东流猿夜声”的《襄阳歌》，“头陀云月多僧气，山水何曾称人意。……我且为君捶碎黄鹤楼，君亦为我倒却鹦鹉洲”的《江夏赠韦南陵冰》，“我本楚狂人，凤歌笑孔丘……五岳寻仙不辞远，一生好入名山游”的《庐山谣寄卢侍御虚舟》，“平生不下泪，于此泣无穷”的《江夏别宋之悌》，“仰天大笑出门去，我辈岂是蓬蒿人”的《南陵别儿童入京》，“抽刀断水水更流，举杯消愁愁更愁”的《宣州谢朓楼饯别校书叔云》，“古人今人若流水，共看明月皆如此。唯愿当歌对酒时，月光长照金樽里”的《把酒问月》，“三杯通大道，一斗合自然”的《月下独酌》，这些统统有一个共同点，这就是往往上下千古，令人读了，把精神扩张到极处，我们那时的精神乃是像一匹快马一样，一会驰骋到西，一会驰骋到东，为李白的精神所引导着，每每跃跃欲试地要冲围而出了。其内容如此，所以在表现上，便似乎没有形式，没有规律了——却到底仍不如说他是真正主宰着形式与规律了的。

因李白生命力充溢之故，他所取材的歌咏的对象多半是雄大壮阔的。“浙江八月何如此，涛似连山喷雪来”（《横江词》），“墨池飞出北溟鱼，笔锋杀尽中山兔”（《草书歌行》），“日出东方隈，似从地底来。……吾将囊括大块，浩然与溟涬同科”（《日出入行》），这种局势，可以说在中国四千年来的诗坛上少有第二人！

就文学史的意义上说，李白的出现，是一个大改革，所以李阳冰的《草堂集序》有：“至今朝诗体，尚有梁、陈宫掖之风，至公大变，扫地并尽。今古文集，遏而不行，唯公文章，横被六合，可谓力敌造化欤。”不过我们的意思并不是以为李白是第一个改革者，我们却是以为李白是改革的完成者。在这种消息上，我们便可以明白韩愈对于李杜的称赞“李杜文章在，光焰万丈长。不知群儿愚，那用故谤伤。蚍蜉撼大树，可笑不自量”了，其根由正在于同是反对梁、陈，李白者正是诗坛上的复古运动家韩愈呢！

李白在事业上想追踪鲁仲连，结果并没能如鲁仲连那样得意，但他在文学上称赞谢玄晖，造诣却超过了谢玄晖万万了！

六　李白：寂寞的超人

（一）李白的情感生活

我们先说李白的情感生活。

据魏颢的《李翰林集序》，李白“始娶于许，生一女，一男曰明月奴。女既嫁而卒。又合于刘，刘诀。次合于鲁一妇人，生子曰颇黎。终娶于宋”——那么，李白是结了四次婚的。所谓“娶于许”，就是指在安陆为许相公妻以孙女的事。明月奴就是伯禽，那个女孩就是平阳，还有一个男孩则是天然，加上颇黎，李白一共有四个小孩，最年长的乃是平阳，明月奴次之。李白很爱这些小孩们。

我们知道李白抒情的作品，特别是写儿女之情的，往往不太出色，即像“玉阶生白露，夜久侵罗袜。却下水精帘，玲珑望秋月”（《玉阶怨》）那样的作品也很少很少。他所写的往往是很露骨的一类，例如：“相思相见知何日，此时此夜难为情。”（《三五七言》）“何由一相见，灭烛解罗衣。”（《寄远》）他所对于异性的感觉都是很具体的，你看：

长干吴儿女，眉目艳星月。
屐上足如霜，不着鸦头袜。

吴儿多白皙，好为荡舟剧。
卖眼掷春心，折花调行客。

耶溪采莲女，见客棹歌回。
笑入荷花去，佯羞不肯来。

镜湖水如月，耶溪女如雪。
新妆荡新波，光景两奇绝。

——《越女词》五首，其一、二、三、五

葡萄酒，金巨罗，吴姬十五细马驮。
青黛画眉红锦靴，道字不正娇唱歌。

玳瑁筵中怀里醉，芙蓉帐底奈君何！

——《对酒》

不是眉毛怎么样，就是脚怎么样，穿得怎么样，总之，李白对于爱情是很感官的，是很物质的。用广泛的说法，就是宁是肉的，而不是灵的。往根本去看，这又是和他的道教思想有关。我说过，道教的第三个根本概念是自然，从自然的概念出发，遂发现了世界之物质的方面，从而对于人生也就有一种唯物的色彩，所以表现在别方面之现世主义、富贵主义者，在爱情上也就是着重感官的、肉的了。

不过，李白有一个好处，就是“真”。因为“真”，虽所写的具体而不碍其具体，虽露骨而不碍其露骨。有时非常过分了，例如“相见不得亲，不如不相见”（《相逢行》），“千杯绿酒何辞醉，一面红妆恼杀人”（《赠段七娘》），甚而显得很急切了：“美人美人兮归去来，莫作朝云飞阳台。”（《寄远》）但这些都丝毫没有关系，我们也毫不觉得鄙近，也毫不觉得俗恶，这就是因为，过分与急切是李白的本色，写到本色，就是“真”，“真”便可以原谅一切了。

可是相反地，李白却不善于写常情，他的许多寄内诗，都不佳。李白对于色情的观念，有时竟是卑视的，例如他

○清 王时敏 杜甫诗意图册（局部）

说："陈王徒作赋，神女岂同归。好色伤大雅，多如世所讥。"（《感兴》）在这些地方，他和李商隐实在相反，李商隐对于爱情的观念是灵的，这不必说了；李商隐写到夫妇的情感处，则甚精彩；李商隐对于性爱，也从来不卑视。

很奇怪的是，以李白那样漂泊而没有定性的人，一会从政了，学鲁仲连，一会隐退了，学神仙，但是他之父子的感情却很浓。他在诗中时常流露，例如"穆陵关北愁爱子"（《万愤词投魏郎中》），"爱子隔东鲁"（《赠武十七谔》）等等都是，更如：

我固侯门士，谬登圣主筵。
一辞金华殿，蹭蹬长江边。
二子鲁门东，别来已经年。
因君此中去，不觉泪如泉。

——《送杨燕之东鲁》

六月南风吹白沙，吴牛喘月气成霞。
水国郁蒸不可处，时炎道远无行车。
夫子如何涉江路，云帆袅袅金陵去。
高堂依门望伯鱼，鲁中正是趋庭处。
我家寄在沙丘傍，三年不归空断肠。

君行既识伯禽子，应驾小车骑白羊。

——《送萧三十一之鲁中兼问稚子伯禽》

楼东一株桃，枝叶拂青烟。
此树我所种，别来向三年。
桃今与楼齐，我行尚未旋。
娇女字平阳，折花倚桃边。
折花不见我，泪下如流泉。
小儿名伯禽，与姊亦齐肩。
双行桃树下，抚背复谁怜?
念此失次第，肝肠日忧煎。
裂素写远意，因之汶阳川。

——《寄东鲁二稚子》

他这方面的感情实在太浓烈了，“因君此中去，不觉泪如泉”，可知他平日的挂念为何如了，这还不过和他的爱子们才别了一年而已！至于“君行既识伯禽子，应驾小车骑白羊”，“小儿名伯禽，与姊亦齐肩。双行桃树下，抚背谁复怜”，这便都是在别了他的爱子们三年以后写的了，那印象是多么具体，字句是多么给人刺激！没得到过家庭的温暖的诗人，但并没因此令他对于子女的慈爱有所欠缺。在一般目李白为狂人、为不近于人情的人，在这里要反省的罢。漂泊的李白，没有家的李白，狂歌度日的李白，他却是有着一颗多么与通常人逼近的、相通的心！

（二）李白的友谊

李白对于友情，自然也很重视，他所歌咏的“若惜方寸心，待谁可倾倒？虞卿弃赵相，便与魏齐行。海上五百人，同日死田横”（《于五松山赠南陵常赞府》），便是他所向往的。不过他的交游，除了游侠与“神仙交”之外，在士大夫中而有真切的友情的却只是寥寥可数。他和杜甫的来往，我说过，是杜甫的关切于李白者多，李白关切于杜甫者少的。此外，恐怕只有孟浩然和贺知章了：

吾爱孟夫子，风流天下闻。
红颜弃轩冕，白首卧松云。
醉月频中圣，迷花不事君。
高山安可仰，从此揖清芬。

——《赠孟浩然》

欲向江东去，定将谁举杯？
稽山无贺老，却棹酒船回。

——《重忆》

只有他对这两人可算敬爱备至。

至于一般士大夫，我觉得远不如村夫俗子可以唤起他的感情，所以他有《赠汪伦》诗：

李白乘舟将欲行，忽闻岸上踏歌声。
桃花潭水深千尺，不及汪伦送我情。

汪伦就是安徽泾县桃花潭的一个村人，常款待李白的。他又有《哭宣城善酝纪叟》诗：

纪叟黄泉里，还应酿老春。
夜台无晓日，沽酒与何人？

纪叟当然也是一位“普洛”[1]。在这两首诗中所流露的

① “普洛”：法文 prolétariat 的音译的简称，通常译为“普罗”，原指古罗马社会的最下等级，今指无产阶级。——编者注

情感，却都极其深挚，极其浓厚。我想这也是因为李白的性格和教养之故罢，因为性格的豪放，他便不爱和那些扭扭捏捏的士大夫来往；因为道教的教养，他便对于这些淳朴率直的人特别合得来了。至于游侠和神仙交，说得幽默一点，则似乎有点职业的意味，所谓同行，自然另当别论。

以情感那样丰盛的诗人李白，对于友情的要求，大，当然很大，然而失望也就免不了了，所以李白才有“多花必早落，桃李不如松。管鲍久已死，何人继其踪”（《箜篌谣》）的叹息，并且又有“《谷风》刺轻薄，交道方崄巇。斗酒强然诺，寸心终自疑”（《古风》）的愤慨了。

（三）了解李白之杜甫

不过，却终于是杜甫极了解李白。我们先看杜甫和李白的游踪、过从处：

李侯有佳句，往往似阴铿。
余亦东蒙客，怜君如弟兄。
醉眠秋共被，携手日同行。
更想幽期处，还寻北郭生。

元　赵孟頫　杜甫像轴

入门高兴发，侍立小童清。
落景闻寒杵，屯云对古城。
向来吟橘颂，谁欲讨莼羹？
不愿论簪笏，悠悠沧海情。
——杜甫《与李十二白同寻范十隐居》

“醉眠秋共被，携手日同行”，可以见他们的亲密。杜甫又有《春日忆李白》诗：

白也诗无敌，飘然思不群。
清新庾开府，俊逸鲍参军。
渭北春天树，江东日暮云。
何时一樽酒，重与细论文？

这些时候都在公元737年左右，李白快四十岁了，杜甫不够三十。杜甫很赏识李白文学方面的天才，差不多他每首有关于李白的诗里都提到。对于李白的性格，“飘然思不群”，自然也在羡慕着。

后来李白以四十二岁而得从政了，但是不久就又失败，杜甫这时便又有《寄李十二白二十韵》的诗，其中有“昔年有狂客，号尔谪仙人。笔落惊风雨，诗成泣鬼神。声名从此大，汩没一朝伸”的句子，这是说李白在长安和贺知章相识的事的，附带的却又提到了李白诗上的天才。其中又说“乞归优诏许，遇我宿心亲。未负幽栖志，兼全宠辱身”，这便是得到退休，政治上失败的时候了。接着，“剧谈怜野逸，嗜酒见天真。醉舞梁园夜，行歌泗水春。才高心不展，道屈善无邻”，这乃是李白失意后的情况，同时也见这时杜甫对于他之同情了。

本来就有神仙的向往的李白，经政治上的失败以后便更热心起来，同时他的豪气也不唯不灭，反而也更肆无忌惮起来，但是他内心里是焦急着，苦闷着，有一缕苦无主宰的悲感在；这时了解他的也便唯有杜甫。看见他“秋来相顾尚飘蓬”了，知道他“未就丹砂愧葛洪”，在别人以为李白“痛饮狂歌”为热闹者，独独杜甫明白这是“空度日”，在别人所只见李白之乱蹦乱跳、自负自赞者，杜甫却独独明白李白内心的深处却是空虚，所以说“飞扬跋扈为谁雄”了！范传正为李白作《唐左拾遗翰林李公新墓碑》中有：“脱屣轩冕，释羁缰锁，因肆情性，大放宇宙间。饮酒非嗜其酣乐，取其昏以自富；作诗非事于文律，取其吟以自适；好神仙非慕其轻举，将不可求之事求之，欲耗壮心、遣余年也。”这了解也未尝不深刻，但却稍微过了些，我便觉得有点失真了，因为李白之好神仙实在是早年以来所抱有的一种志愿，说因政治上之失败，而更重理旧业则可，说这只是一种寄托就不合实际了。杜甫则不然，却以为李白政治上的失败之外，再加上神仙也没有成功，因此有“未就丹砂愧葛洪”之叹，双重的幻灭，笼罩着李白内心的苦闷，这恐怕是再对也没有了。

李白的情形却越发不好下去。到了晚年，又因为永王璘的事件几乎送了性命，终于遣了流放。李白是将近六十的老头儿了，杜甫也快半百，这时杜甫便有《不见》一诗，原注：“近无李白消息。”那诗是：

> 不见李生久，佯狂真可哀。
> 世人皆欲杀，吾意独怜才！
> 敏捷诗千首，飘零酒一杯。
> 匡山读书处，头白好归来。

距李白之死约三四年。别人以李白的佯狂为不近人情，别人以李白的佯狂为可以取笑，杜甫却感触到那是很深的悲哀；在一群愚妄者无不觉得必得李白而后甘心时，知道爱惜这一位天才诗人的恐怕也就只有杜甫。

杜甫对李白时时不放心，那深挚的友情尤其表露在此际：

凉风起天末，君子意如何？
鸿雁几时到，江湖秋水多。
文章憎命达，魑魅喜人过。
应共冤魂语，投诗赠汨罗。

——《天末怀李白》

虽然不知道李白的生死，但是觉得恐怕消息不会好了，“文章憎命达”，说得哀愤极了！之外，则杜甫又作有《梦李白》：

死别已吞声，生别常恻恻。
江南瘴疠地，逐客无消息。
故人入我梦，明我常相忆。
恐非平生魂，路远不可测。
魂来枫林青，魂返关塞黑。
君今在罗网，何以有羽翼？
落月满屋梁，犹疑照颜色。
水深波浪阔，无使蛟龙得！

浮云终日行，游子久不至。
三夜频梦君，情亲见君意。

告归常局促，苦道来不易。
江湖多风波，舟楫恐失坠。
出门搔白首，若负平生志。
冠盖满京华，斯人独憔悴。
孰云网恢恢，将老身反累。
千秋万岁名，寂寞身后事！

这就直然是两首挽歌了！诗里头真凄怆欲绝，现在不复是了解李白不了解李白的问题了，乃是情感上的震悼受得了受不了的问题了！“魂来枫叶青，魂返关塞黑”，“落月满屋梁，犹疑照颜色”，“三夜频梦君，情亲见君意”，这是多么珍贵的友情，我想或者多少可以补偿我们诗人所受的坎坷了罢。“冠盖满京华，斯人独憔悴。孰云网恢恢，将老身反累。”这是李白一生的缩影。李白在文艺上的万古不朽的成绩，杜甫也早早感觉到了，不过这热闹只在身后而不在眼前，眼前所有的却是寂寞和萧条！

（四）李白之身后

这真是不可思议的事，李白常说“看取富贵眼前者，何用悠悠身后名”，李白常怕“名扬宇宙，而枯槁当年”，然而李白所有的却偏偏是他所没在意的！

宝应元年（公元762年）十一月乙酉，李白死在当涂，当涂是他族叔李阳冰的所在。他是病死了的。在病榻上，他把许多没加整理的手稿交给了李阳冰。据李阳冰说：“自中原有事，公避地八年，当时著述，十丧其九，今所存者，皆得之他人焉。”所谓“避地八年”者正是自安禄山之乱（公元755年）算起，话说得颇含蓄，把李白参加永王璘的事、入狱的事、放逐夜郎的事，便都包括了。李阳冰对于他推崇备至，称为“三代以来，《风》《骚》之后，驰驱屈、宋，鞭挞扬、马，千载独步，唯公一人”。

然而生气活泼、飞扬跋扈的李白，却终于逢到像一般人一样的平庸的归宿！在他死后四五十年，有宣、歙、池等州观察使范传正到当涂一带来，因为崇拜李白的缘故，便按着地图找到了李白的坟墓，他不让人去随便樵采，并且打扫干净。他又竭力访求李白的后人，求了三年，于是找到李白的两个孙女，这时都出阁了，一个嫁给陈云，一个嫁给刘劝，都是农人。范传正把那两个孙女招呼来的时候，看她们衣服也很村俗了，而且也很粗糙了，只是举动还安详些。范传正便问她们的景况，她们说：“父伯禽，以贞元八年不禄而卒。有兄一人，出游一十二年，不知所在。父存无官，父殁为民，有兄不相保，为天下之穷人。无桑以自蚕，非不知机杼；无田以自力，非不知稼穑。况妇人不任，布裙粝食，何所仰给，俪于农夫，救死而已。久不敢闻于县官，惧辱祖考，乡闾逼迫，忍耻来告。”说罢便哭了，范传正当时听了也只有凄然。所说贞元八年是公元792年，距李白之死已三十年了，这位伯禽便是李白生前所惦记着的“应驾小车骑白羊”的爱子了。李白四个小孩，平阳出嫁就死了，天然和颇黎没有下文，所知者只有这位伯禽了。一代大诗人的下场如此，不是“寂寞身后事”是什么呢?

李白的两位孙女觉得他祖父是喜欢青山的，便请求范传正为她们帮忙，要把李白改葬。范传正立刻允许了，以元和十二年（公元817年）正月二十三日把李白改葬在旧坟六里以西的地方，北边就是青山，青山是谢朓曾筑屋幽居过的，所以又叫谢公山，在当涂县东南。李白一生所在文学造诣上顶服膺的人物是谢朓，顶喜欢的地方就是青山，现在可以多少得到安慰了。

范传正觉得大诗人的孙女嫁给农夫不免有点辱没，于是便劝她们改嫁给士族，但是她们答道：“夫妻之道，命也，亦分也。在孤穷既失身于下俚，仗威力乃求援于他门，生纵偷安，死何面目见大父于地下？欲败其类，所不忍闻。”因为这样便只好听从了她们，只是免了她们的赋税和徭役，也算是对她们先人的敬意。

（五）李白和山东

因为要求仙访道和从政之故，李白的足迹在国内便非常普遍。倘若把他的生活分三期，以公元701年到741年为第一期，这就是从他诞生到四十一岁，是他还没登政治舞台，过一种漂泊生活的时期。则在这一时期里，便有关系他非常之大的三个地域，这是蜀、安陆和齐鲁：蜀是他在儿童时所受教养的所在，安陆是他结婚和游说的所在，齐鲁是他求仙学剑的所在。李白第二期生活可以从公元742年到755年（包括他四十二岁到五十五岁）。作一个段落的话，便是他登政治舞台，然而失意，然而终于又过着漫游的生涯的时代。对他意义重大的地域也有三个，这是长安、梁和金陵：长安是他做官和发挥酒兴的所在，梁是他交游最痛快的所在，金陵是他凭今吊古的所在。公元755年的安禄山之乱，划分了李白的末期生活，这就是从他五十五岁到他逝世（公元762年）的一段了，在这一时期里有他第二次政治上的失败，其生活更为愁惨，谁也想不到他的晚年是结束在迁徙流亡中。这一时期我认为重要的地域便也有三个，这就是浔阳、江夏

○ 北宋 王希孟 千里江山图（局部）

和当涂：浔阳是他下狱的所在，江夏是他流亡被赦后盘桓的所在，当涂是他羡慕谢家山水，就死在谢家山水之旁的所在。倘若我们牢记得李白这三个时期，我们对于李白的一生就可以得到一个粗略的轮廓了，有这每一时期里的三个地域，则李白一生的足迹所至，也就不难统统记忆、补缀起来了。

在这许多地域中，我却要特别提出齐鲁，这是因为我见他特别说得亲切，关系他又特别大的缘故。在他第一期生活中吧，他到山东来学剑，曾经久住；第二期生活中他到齐来受道箓，而且因为家寓鲁中，虽然漫游，却常往来于齐鲁间；第三时期他虽然不得到齐鲁来了，但他“穆陵关北愁爱子”，爱子还在山东，于是常常系在他的慈肠。

李白对于齐鲁，真是再熟悉没有了，他熟悉山东的酒：

兰陵美酒郁金香，玉碗盛来琥珀光。
但使主人能醉客，不知何处是他乡。

——《客中作》

兰陵就是山东峄县。这种酒大概常是他的好友，所以他又有《鲁中都东楼醉起作》：

昨日东楼醉，还应倒接䍦。

阿谁扶上马，不省下楼时。

他当然就是喝的这种酒了。他又熟悉山东的鱼：

鲁酒若琥珀，汶鱼紫锦麟。
山东豪吏有俊气，手携此物赠远人。
意气相倾两相顾，斗酒双鱼表情素。
酒来我饮之，脍作别离处。
双鳃呀呷鳍鬣张，跋刺银盘欲飞去。
呼儿拂机霜刃挥，红肥花落白雪霏。
为君下箸一餐饱，醉着金鞍上马归。
——《酬中都小吏携斗酒双鱼于逆旅见赠》

他还熟悉山东人的生活，他知道“五月梅始黄，蚕凋桑柘空。鲁人重织作，机杼鸣帘栊”（《五月东鲁行答汶上翁》）；他也熟悉山东的气候，他知道“鲁国寒事早，初霜刈渚蒲。挥镰若转月，拂水生连珠”（《鲁东门观刈蒲》）；他更熟悉山东的风光，看他形容：“朝登大庭库，云物何苍然。莫辨陈郑火，空霾邹鲁烟。”（《大庭库》）这也的确是中国北方的景色。

他到过华不注山（现在俗称华山），他有“昔我游齐都，登华不注峰。兹山何峻秀，绿翠如芙蓉”（《古风》）；他到过鹊山湖（现在的大明湖就是鹊山湖的一部分），他有“湖阔数千里，湖光摇碧山。湖西正有月，独送李膺还”，以及“水入北湖去，舟从南浦回。遥看鹊山转，却似送人来”（《陪从祖济南太守泛鹊山湖》）。只因为这地方是我从小就常玩的，所以读了便尤其感到活泼泼的兴致了。

我们还不要忘了，是在山东，李白和杜甫发生了深挚的友情，在集中有《鲁郡东石门送杜二甫》和《沙丘城下寄杜甫》诗：

> 醉别复几日，登临遍池台。
> 何言石门路，重有金樽开？
> 秋波落泗水，海色明徂徕。
> 飞蓬各自远，且尽手中杯。
>
> ——《鲁郡东石门送杜二甫》

> 我来竟何事，高卧沙丘城。
> 城边有古树，日夕连秋声。
> 鲁酒不可醉，齐歌空复情。
> 思君若汶水，浩荡寄南征。
>
> ——《沙丘城下寄杜甫》

这都是在山东作的。好了，也不必多说了，在山东，有他的爱子，有他的知友；他爱游侠，在山东可以学剑术；他好神仙，在山东可以受符箓，著道书；他佩服鲁仲连，逢巧鲁仲连也正是齐人；况且这里有他熟悉的酒，爱吃的鱼，手种的桃树。说得更根本一点吧，李白在性格上的风流、豪爽、诚坦、率真，也很近乎山东人的性格，所以无怪乎杜甫诗中有“近来海内为长句，汝与山东李白好”（《苏端薛复筵简薛华醉歌》），元稹的文中有“是时山东人李白亦以奇文取称”（《唐故检校工部员外郎杜君墓志铭》）了。甚而《旧唐书·李白传》也称李白为山东人，错当然是错了（这是因为有李白自己的文字证明之故。一般人之否认李白为山东人则有二说：一认为齐鲁称山东乃自元始，唐时之山东乃关东通称；二认为说李白为山东人乃是根据杜诗，而杜诗别本作东山。实则这二说却都不巩固，因为李白明明有“学剑来山东”之语，而山东便确乎指齐鲁，可知说唐诗中山东不指齐鲁是不可靠了；其次杜集纵错，何以元稹也错，难道也是东山印倒了吗?），然而不能不说是一个颇有意义的错！

（六）李白的风度和勤学

在郑振铎著《插图本中国文学史》第二册，有李白的一幅画像，是采自南薰殿所藏《圣贤画册》的，看样子，气度很轩昂，不过没有什么特别，大概不很逼真，倒不如日本松平直谅氏所收藏的南宋梁楷画的《李太白图》[①]，虽然像一般的中国人物画一样，脑袋总是格外大，大到和全身不称了，但是那眼光望着高处，胡须撅着，披着像布袋一样的衣服，却真是如《旧唐书》所谓“有逸才，志气宏放，飘然有出世之心”的神气。

从崔宗之赠李白的诗看起来，李白一定很善谈，所谓“玄谈又绝倒”，同时李白的眼睛一定很特别，因此又有“双眸光照人，词赋凌子虚”之语。

当时崇拜李白的人就很多，其中有一人是魏颢（这人先名万，次名炎），他曾经跑了三千多里路，即为的是赶着访李白，最后他们相会于金陵。李白作有《送王屋山人魏万还王屋》，魏颢也作有《金陵酬翰林谪仙子》，这时已在李白政

① 即《李白行吟图》，见本书第11页。——编者注

李白画像（出自南薰殿旧藏《圣贤画册》）

治上失意之后，受过道箓，久住过梁宋，大概五十多了。魏颢形容他说：“眸子炯然，哆如饿虎，或时束带，风流蕴籍。曾受道箓于齐，有青绮冠帔一副。”这可以同崔宗之的话相印证。魏颢也是很自负的人，也有狂名，与李白一见就相欢洽。李白曾经说魏颢以后一定有大名于天下，到那时候只不要忘了他和他的明月奴就好了，当时说得很当真，立刻“尽出其文，命颢为集”，说得魏颢也高兴极了。后来魏颢便曾说：“颢今登第，岂符言耶?”就是指有大名的话的。在上元末（公元761年），就是李白之死的前一年，魏颢把散失了的李白的诗文又集起来，他把他们两人的赠诗放在卷首，算是纪念他们的友情。这应当是李太白最早的诗文集吧，当时魏颢未尝不希望“白未绝笔，吾其再刊”的，但是次年李白就死了。

正像大家以为李白“慷慨自负，不拘常调”，应该没有常人的情感了，然而他家人父子的情感却非常之浓，会使人惊讶一样，漂泊流徙的李白却也非常用功，这恐怕更出人意外。我的证据是，他在《送张秀才谒高中丞》诗序中有“余时系寻阳狱，正读《留侯传》”，可见他虽然被捕入狱了，都还在读书，则平时更可知了。又如他在《改九子山为九华山联句》序中则有：“青阳县南有九子山，山高数千丈，上有九峰如莲华。按图征名，无所依据。太史公南游，略而不书。事绝古老之口，复阙名贤之纪。”就更见出他不但用功，而且很仔细。再如他在《答族侄僧中孚赠玉泉仙人掌茶》诗序中也有“按仙经”如何如何的话，可知他关于道教的书也是常在手头。所以倘若说李白不像普通人读书那么死，则可；倘若说他不读书，就不对了。因此只是自命不凡、不肯努力的人，并不能以李白为借口。

在裴敬作的《翰林学士李公墓碑》中曾说到“于历阳郡得翰林《与刘尊师书》一纸，思高笔逸”，这是李白的书法的一斑。

（七）李白与一般诗人之共同点

李白虽然喜欢游侠，热衷从政，但他也像一般的诗人一样，反对战争，他说：“败马号鸣向天悲。乌鸢啄人肠，衔飞上挂枯树枝。士卒涂草莽，将军空尔为。乃知兵者是凶器，圣人不得已而用之。”（《战城南》）

李白的自负，完全由于他“真”。普通人未尝不自负，不过不说出口来，“真”也是一般诗人的共同点。

他常记住别人的赞语，他在《冬日于龙门送从弟京兆参军令问之淮南觐省序》中有“常醉目吾曰：‘兄心肝五藏，

北宋　屈鼎　夏山图（局部）

皆锦绣耶？不然，何开口成文，挥翰雾散？’吾因抚掌大笑”，这在普通人也未尝不能遇到，遇到也未尝不能记在心上，但又是不敢像他这样直说的。

李白常在诗中忽然提起自己的名字来了，“李白与尔同死生”，这也是他的天真可爱处。

（八）李白之痛苦

不过，在说过一切话之后，李白却还是一无所有：空虚和寂寞而已，渺茫和痛苦而已。

他自己的一切，是完全失败了，“我发已种种，所为竟无成！”（《留别西河刘少府》）

就根本处说，李白不能算矛盾，他有丰盛的生命力，他要执着于一切。但是就表现上说，就不能不算矛盾了，因为他要求得急切，便幻灭得迅速，结果我们看见他非常热衷，却又非常冷淡了。一会是“人生得意须尽欢”，一会是“人生在世不称意”；一会他以孔子自负，“我志在删述”，一会他又最瞧不起孔子，“凤歌笑孔丘”，矛盾多么大！

李白的精神是现世的，但他的痛苦即在爱此现世而得不到此现世上，亦即在想象保留此现世，而此现世终归于无常上。他刚说着："百年三万六千日，一日须倾三百杯。遥看汉水鸭头绿，恰似葡萄初酦醅。此江若变作春酒，垒曲便筑糟丘台。千金骏马换少妾，醉坐雕鞍歌《落梅》。车旁侧挂一壶酒，凤笙龙管行相催。"说得多么高兴，然而马上感到"襄王云雨今安在，江水东流猿夜声"，虚无了！

"忽魂悸以魄动，恍惊起而长嗟。唯觉时之枕席，失向来之烟霞。世间行乐亦如此，古来万事东流水"（《梦游天姥吟留别》），从来现世主义者必须遇到的悲哀就正是空虚。想到这地方便真要解放了，所以，接着是："别君去兮何时还，且放白鹿青崖间，须行即骑访名山，安能摧眉折腰事权贵，使我不得开心颜！"又如他作的《古风》："庄周梦胡蝶，胡蝶为庄周。一体更变易，万事良悠悠。乃知蓬莱水，复作清浅流。青门种瓜人，旧日东陵侯。富贵固如此，营营何所求。"和这意思是一模一样的。倘若想起"名利徒煎熬，安得闲余步"来，当然会有"抚己忽自笑，沉吟为谁故"的不知所以之感了。

从虚无就会归到命运上去，"良辰竟何许，大运有沦忽"，李白是有道教信仰的人，更容易想到个人的力量之小，大运的力量之大。由现世虚无而解脱固然是一种反应了，由现世虚无而更现世，也是一种反应，所以又有"人生达命岂暇愁，且饮美酒登高楼"（《梁园吟》）的话。

然而人生既为命运所操持，倘若不然而能够操持命运，岂不更好么？符合了这种理想的，便是神仙。你看："容颜若飞电，时景如飘风。草绿霜已白，日西月复东。华鬓不耐秋，飒然成衰蓬。古来贤圣人，一一谁成功？君子变猿鹤，小人为沙虫。不及广成子，乘云驾轻鸿。"便恰恰说明了从受命运支配到要支配命运，因而学仙的心理过程。

但是我们却不要忘了，像李白这样人物的求仙学道，是因为太爱现世而然的，所以他们在离去人间之际，并不能忘了人间，也不能忘了不得志于人间的寂寞的。所以他虽然上了华山，"虚步蹑太清"了，但他并没忘了"俯视洛阳川，茫茫走胡兵。流血涂野草，豺狼尽冠缨"。

让我再重复地说吧，李白对于现世，是抱有极其热心地要参加，然而又有不得参加的痛苦的，他那寂寞的哀感实在太深了，尤其在他求仙学道时更表现出来。他曾经说："桃李开何处，此花非我春。唯应清都境，长与韩众亲。"他曾经说："太白何苍苍，星辰上森列。去天三百里，邈尔与世绝。中有绿发翁，披云卧松雪。不笑亦不语，宜栖在岩穴。……铭骨传其语，竦身已电灭。仰望不可及，苍然五情热。吾将营丹砂，永与世人别。"我们大可以想象吧，这是一种什么况味！

然而，怎么样呢？神仙也未尝不仍是渺茫，也未尝不仍是虚无，所以在有一个时候，便连这一方面的幻灭也流露出来了。他说："石火无留光，还如世中人。即事已如梦，后来我谁身？提壶莫辞贫，取酒会四邻。仙人殊恍惚，未若醉中真。"那么，便只有酒了！酒者是糊里糊涂，一笔勾销罢了，那么，还能怎么样呢？就只有寂寞和虚无了！

同时，李白是深感到天才被压迫的痛苦的，"郢客吟《白雪》，遗响飞青天。徒劳歌此曲，举世谁为传。试为《巴人》唱，和者乃数千。吞声何足道，叹息空凄然"，"流俗多错误，岂知玉与珉"，这些现象更都与他的本怀相刺谬。他所愿意的是天之骄子，他愿意受特别优待，他希望得到别人特别敬重，可是呢，"奈何青云士，弃我如尘埃。珠玉买歌笑，糟糠养贤才。方知黄鹤举，千里独徘徊"，又是一种痛苦了。

他颇痛苦于没有真正同情者，没有真正合作者，"世人见我恒殊调，见余大言皆冷笑"，结果他反映在别人心目中当然是如他自己所说，"白，嵚崎历落可笑人"了，这也就是李华所谓"嗟君之道，奇于人而侔于天，哀哉"（《故翰林学士李君墓志》）了。他之常想归隐，不也正因为不能和庸俗协调，所谓"松柏本孤直，难为桃李颜"吗？

一般人越发看他相远了，越发不能理解他，因此不能亲近他，但是一般人却反而以为是他不近人情，甚而以为是他不愿意和人接近的，这真令我们诗人太委屈了。他已经很感慨于汉朝的严君平，“君平既弃世，世亦弃君平”。只是果然如此，也还公平，不过在李白却并不是如此，他其实是“我本不弃世，世人自弃我”（《送蔡山人》），可说李白所有的痛苦，都没有这一句话说得清楚的了！凡是诗人，无时不想用他自己的热情来浇灌人世，无时不想用他自己的坦诚表白自己，然而人们偏偏报之以冷水，偏偏报之以掩耳不理！

我们总括了看：李白的痛苦是一种超人的痛苦，因为要特别，要优待，结果便没有群，没有人，只有寂寞的哀感而已了；李白的痛苦也是一种永久的痛苦，因为他要求的是现世，而现世绝不会让人牢牢地把握，这种痛苦是任何时代所不能脱却的，这种痛苦乃是应当先李白而存在，后李白而不灭的，正是李白所谓“与尔同销万古愁”，这愁是万古无已的了；同时，李白的痛苦又是没法解决的痛苦，这因为李白对于现世在骨子里是绝对肯定的。他不能像陶潜一样，否定一切，倘若否定一切，便可以归到“达观”了；他也不能像屈原的幻灭只是现世里理想的幻灭，但屈原却仍有一个理想没有幻灭，这就是他的理想人物彭咸，而且他也果如所愿地追求到了。李白却不然，他没有理想。名，他看透了，不要；他要的只有富贵，可是富贵很容易证明不可靠；那么，他要神仙，便是神仙也还是恍惚。那么，怎么办呢？没法

○ 明 仇英 桃花源图（局部）

办！在这一点上，他之需要酒，较陶潜尤为急切，那么就只有酒了，也就是只有勾销一切了！

根本看着现世不好的人，好办；在现世里要求不大的人，好办。然而李白却都不然。在他，现世实在太好了，要求呢，又非大量不能满足。总之，他是太人间了，他的痛苦也便是人间的永久的痛苦！这痛苦是根深于生命力之中，为任何人所不能放过的。不过常人没有李白痛苦那样深，又因为李白也时时在和这种痛苦相抵抗之故（自然，李白是失败了的牺牲者），所以那常人的痛苦没到李白那样深的，却可以从李白某些抵抗的阶段中得到一点一滴的慰藉了！这就是一般人之喜欢李白处，虽然不一定意识到。

附录：李太白故里的巡礼[①]

所谓“李太白故里的巡礼”这题目，说来虽这样堂皇，其实我之去，还是在一个次要的意义之下而得着这种机缘的。半月多的仆仆风尘，主要的乃是为省母。我母亲住在绵阳。

还是在2月4号，废年的除夕，我决定了去一次的。这夜里，我实在睡不着，觉得周围的空气又这样冷，我先是想母亲，后来就转而想到母亲想我了。我恼恨为什么还远远地在外漂流，像浮萍一样漂流？不知道她老人家过年是什么滋

① 本文出自李长之《梦雨集》第三辑“散文（五篇）”，收录于《李长之文集》第三卷，河北教育出版社，2006年版。——编者注

味？我在外边，我二弟也在外边，只有小弟弟在跟前。我恨不得立刻就飞到她那儿去才好。

可是，囊中既然空空，就并没有飞的翅膀——抗战以来，我渐渐沉痛地晓得天伦之乐也还得有“物质基础”了！幸而在2月10号，我那《苦雾集》的销售结算来了，恰有一点小收入，可以助我往返一行，我心想校中学生的考试和注册，恰给我半月的余暇，但又愁一时没有车子。感谢交通部的朋友的帮忙，我在12号进城，14号的早晨就成行了。

因为是刚刚过年不久，沿路都很有“年味儿”。14号当天快到荣昌的时候，已经夜色苍茫了，可爱的是路的两旁有很多“灯杆”——远望过去，宛然是像宝塔似的，每一层都是灯亮。其实是只有一个杆子，横摆着许多竹竿，吊着一层一层燃着的灯碗而已。因为矗立在漆黑的夜幕里，玲珑灿烂，所以越发显得美。第二天经过安福镇的时候，又看到邻街上的灯也特别美，几乎每一层都在独出心裁——我想起邓以蛰先生所写的《西班牙游记》中西班牙人那样会玩了。

车子是敞车，因为是雨后，一点灰尘也没有，我们可以舒舒服服地饱览风景。同车的有金女大的几个学生，她们也很爱好文艺和话剧，我向她们宣传了一下《安魂曲》，她们都以在重庆没来得及看为懊丧。

是第三天，16号，我到了成都。因为急于到绵阳，次早即又登车北开。拿着一位老友送我的云腿，在下午两点多钟到了家。我有两年没有见母亲和小弟弟了，他们正在吃饭，喜出望外地见我进来。母亲的头发更白了，牙齿更有一些脱落，眼有一点深陷，不用说，是更有一些老态，可是精神还是很健旺。我小弟弟则身体越发好了，他的手和脚都特别大，他好像积蓄了一串的知识上的问题要等着问我。他爱好画漫画、演戏、打篮球。

这里有一个私立中学，师生都多半是从家乡搬来的。我白天即抽空去看几位旧日的师长和老友，晚上就早熄了油灯，和母亲、弟弟躺在床上聊天。母亲的兴致很好，她白天常常自己去拐了篮子，买鲜鱼什么的回来。又知道我写作时不免吸点纸烟，她就仍然简直对我有点溺爱地有时帮我带回烟来了。我知道在家里住的日子很短，当然无所写作。单单修改一本《鲁迅批判》，一天就翻不了几页。

绵阳是相当大的一个城。路也相当宽，是洋灰的，很整洁，还有点发亮。这里的文化虽不很高，但书店也有五六家。除了代卖商务、正中、开明……的书及新杂志的几家以外，还有一个“五桂堂”，是刻木版书的，五桂即是一个刻工的名字，姓唐。他很有一些经验，可惜现在是“英雄无用武之地”了！他那里也没有几本书，有一部不全的《史记》，虫子已经吃成了许多孔，他很宝爱，他曾把那墨色和刻字的精美指点给我看过。这里还有一个民众教育馆，书不多，但如胡适之的哲学史，谢无量的文学史之类，也还找得着。旧匾“藏书楼”三字是俞曲园的手笔，很遒硬挺拔。我每在吃过中饭后，就去一次，为看报。这里的银行比文化机关神气得多，中央银行和中国农民银行都是洋房，门口都有两个黑制服的岗兵。

我在家里住的头四五天，没到什么地方玩。是2月21号，我约了一位研究历史的老友，去访太白故里。太白故里在现在彰明县的青莲场。彰明县是绵阳的邻县；青莲场去绵阳正北六十五华里。我们早上八点就出发。因为打算早去早归，于是借了两辆自行车，以为正午以前准可以到，下午四五时就可以回来了。

我有六七年没有骑车——抗战以来就没摸过车把。骑上满不对劲儿。我想我的身体何以坏到这样，刚走过十里以外，就浑身是汗了。我的车子座太高。我的朋友的车子把太高。不得已而取其次，于是换了车骑。一换倒好了，我的车子顷刻间已经很远，也不像以前那样吃力。可是回看我的同伴，一等不来，二等不来，来了以后，原来是把车子推着的。原来那辆车根本不能骑！两人只有一辆车可用，结果我也要推着车走。推车比单走还要吃力，因为常有上坡。这样的结果，到了青莲场，已经下午。我说无论如何，先要看太白祠。

太白祠在远处已经望到红墙。它所临的江即涪江，这个渡口称为漫波渡。地方非常清秀。水清得很，山不高，可是配合起水、竹、天空来，我们觉得有一种空灵而清新的境界。太白祠的旧殿只剩下一座了，这里要设国民学校，已经起了好几座新屋。正殿有太白的神像，并有“唐学士李讳白青莲先生位”的牌位。庙中的碑碣并不多，也没有十分早的。比较早一点的东西是嘉庆七年（1802）时的一个磬。有嘉庆十八年（1813）的“重修太白祠山门墙垣记”碑，知道这个祠是“历宋迄明”的，并且应该还有石刻的太白像，可是现在遍觅不得。有“垂辉千春”的匾一个，是何绍基写的。

很奇怪的是祠堂中还有一个神位，乃是“唐李白妹月圆神位”。李白何尝有妹？怕是由他的女儿明月奴的名字附会而起的罢。又听说有月圆墓，一时间不得要领，于是又赶回街市。

天已将要黑了，我急于回家。一则怕母亲不放心，不知道她这一夜如何睡得下，一定以为我们在外闯到了什么祸事了；二则觉得共总在家住不了十天半月，还要再扣除两天吗？回来的法子只有坐洋车。可是几回议价，那些车夫都大模大样地说：“你们不是有洋马吗？”这是指的我们的自行车。而且他们说今晚决赶不到绵阳，只可以宿在中途。我们想，与其在中途住，又何如就住在这里！于是决意住一晚。可是因为有“洋马”，旅店都在对我们讥讽着，仍是：“你们不是有洋马吗？”好容易才有一家又小又脏的旅馆许我们容身。青莲场是一个小镇，我们是在街上逛了一逛，看看还有太白的遗迹没有。土人的说法多半一知半解，迷里迷糊，我们又听了他的指点，当晚要去看太白妹月圆墓，准备次早一起身就好回来。可是当我们又跑到太白祠的时候，夜色已经四起了，那些指点的人也并不确定敢说墓在何方。我胆小，怕生意外，主张赶快回旅馆，明早再说。

我们总以为还别有所谓太白故里，真有故宅的遗址之类，于是又寻觅了一番，但终于枉然。后来查《绵阳县志》，见有金皋（明正德辛未进士——十六世纪之初的人）的《彰明县李太白祠堂记》，其中有这样的话：

> 邑之耆老言：弘治初年，方伯洪公至邑，梦袍笏象简钜公，连谒者三。既寤，询邑令黄瑞曰：“邑曾有先达名贤耶？”对曰：“无之，唯唐李白。今其故址为浮图居，余地芜没，为细民渔种。”乃恻然理其旧址，归侵地为祠以祀之。

才知道太白祠就是太白的故居。照这文字上说来，“其祠前为牌坊、大门、仪门，有庭，有庑，有堂”。那么现在的样子，也决非旧观了。此记并有关于太白的传说二则，虽然无稽之谈，都也有趣，一并录下：

> 尝见去思碑述李白为虞城令，三月政成，邻邑则之。公馆之井，味清苦，白尝之，笑曰：“此符吾志也。”汲之不改。后泉遂变味，复甘美。蠡邱馆东三柳，白往来憩之，去后邑人勿剪，以存甘棠。则“传”之所载，固有未备也。
>
> ——《绵阳县志》卷七，页十四

假若这传说是真的，固然可以代表李白的另一方面（李白本有澄清天下之志，故慕谢安、鲁仲连诸人），否则也可见民间对这位大诗人的爱慕，想把他造成箭垛式的完人了。青莲场一带的人，都多半称太白先生，而不冠姓，这位大诗人在死后不是也算不太被冷落了吗？

我们当天晚上无事可做，吃茶谈天。我的朋友，向我谈他治的中国历史的分期，以农奴的制度之改变为线索。我受益不浅。

次早访月圆墓，因为是早晨，那太白祠一带的景致更好了！周遭都是云海一般，疏疏落落的树，一堆一堆地点缀在白雾之中，阳光一出，则江水更加明澈，我们宛然置身神仙世界了。我们背着阳光，向乱坟里走去。土人说有一个大坟，白色的才是。我们认定一个目标便过去，可是坟都差不多一般大，也没有特别白色的。有的坟特别有一道半圆的围墙，心想一定是了，但是并不是，只是某某知县一大族人。我们一口气跑到山头，忽然看见山那边有一座很堂皇的坟，旁边还有茅舍，似乎有香火。我们高兴地跑过去，近处一看，坟更好了，不但大，而且有碑，有小祠堂。可是一问，却是苏夫人的墓，乃是现存军人杨森的妹妹的。

幸好那守坟的人要去拾粪，他说他知道月圆墓，他又带我们重新翻过山头，就在一个很普通的坟前停下了，说这就是！我们怎么也不信。月圆的墓岂可以没有碑？可是仔细搜寻的结果，原来有一个断碑，正面还剩“之墓”二字，“圆”字是只有最下面的横画而已，其他什么也没有。背面幸而有许多小字，也不全，其中却有李白的字样好几处，才知确是无疑。我们抽出铅笔来，在正面也注了一下，不管能保存几天，大概短期以内的人来访是比较容易些了罢。月圆的墓，是临近洪姓的墓的。与其先找月圆的墓，不如找洪姓的墓，洪姓的墓下面就是月圆墓。就是这洪姓的墓，也比月圆墓大得多！

月圆墓既已访得，就打算回来。为迅速起见，那匹活把的“洋马”，由我的同伴骑，他有课，让他先行。我则坐了一辆洋车，把那骑不动的“洋马”揽在怀里，一路压得浑身酸痛。下午二时才到了家——这叫作“有车之累”！

为访太白故里，差不多两天的工夫去掉了。回来这一天是22号。因为24号早晨升旗典礼时要向国立六中的学生演讲，校方怕我赶不到，23号的晚间即请我宿于校中，这一晚又没得在家伴着母亲。

24号演讲完了，就又为六中的老友陪着去看子云亭。亭中有扬雄的塑像，旁边的对联是：“守大汉衣冠言为世法，有真儒气象地以人传”。子云亭的不远处有隋代的造像，其中文字可辨的有“大业六年（610）[①]，太岁庚午，十二月二十八日，三洞道士黄法墩奉为存亡二世，敬造天尊像一龛供养”。又有一个较大的洞，十分完好，菩萨像有四尺左右，很庄严端正。这个地方的旧名应该即是仙云观，是汉朝道士李意期修仙的所在。现在还有一个小水池，这是从前的玉女泉。子云亭在县治西北，离学校很近。

这一天的下午，又同六中的另一位朋友去逛李杜祠。李杜祠在县治东北。这地方就是东津，是杜甫作《东津观打鱼

① 此处括号内当为作者加的公元纪年，非隋代造像上的文字。——编者注

歌》的所在。因为屡次驻兵，院子里十分凌乱。正厅里是几个诗人（李白、杜甫、黄山谷、欧阳修、陆游等）的牌位。有一个花厅，上书“寻踪问渔之舫”。有一亭子，即所谓“春醻亭”。亭中有“杜工部东津观打鱼处”碑一。又有一个石刻的书像，上书“汉涪翁像”，是一个渔翁，听说是智慧的隐者。东津的妙处，也许在出来李杜祠时才觉得。另外是芙蓉溪，绿油油的水田，那么静，那么明朗，和太白祠所在的漫波渡之空灵缥缈者又十分不同了。李杜祠不是很早的东西，据吴朝品的碑记，是光绪庚子（1900）竣工的。还没有五十年，可是已经很残坏了。

我们由李杜祠出来，又到了富乐山，据说这也是李意期修真的地方。不过地方之所以得名，乃是因为刘璋延刘备于此，刘备曾说：“富哉，今日之乐也！”陆游的《东山》诗，也就是指此。有唐麟德二年（665）的造像，不过已经模糊不清了。寺庙是宋代建的，毁于火，现在的庙则是同治三年（1864）重修的，山后有宋哲元将军墓。山壁间又有清光绪间姚姓摹刻的吴道子观音像一帧，书肆中常有卖的，很饱满丰美。

富乐山和李杜祠都在芙蓉溪的东岸。芙蓉溪的西岸，则有一个“大通造像阙”。阙是汉阙无疑，现在还剩有“汉平”两个隶字。大概是“汉平阳阙”。因为大半埋在地里，露在地面的像有个书箱似的，所以土人叫作“书箱石”。造像则是六朝时加上的，明显的佛龛则有大通三年（529）字样。造像不怎么清楚了，汉代飞动的石刻是更加模糊。这是我在绵阳看到的最满意的东西，但也是最可惋惜的东西！

看过书箱石后，我们去访渔父村。据说这就是汉涪翁的故里。这地方已经为袁朗如先生建了“柳溪别墅”，地方是很秀丽的，一片青竹。我们在这里吃了几杯茶，薄暮归家。

几天的玩，有点疲乏，于是在家观王维诗，得到王维因丧妻学佛确证，十分高兴。休息了两天，27号因为要对六中学生作二次讲演，乃顺便看了看蒋琬墓。土人说蒋琬怕要比孙震的威名还大，要不，为什么墓上有石人石马？蒋墓上的碑是“汉大司马蒋恭侯墓”，时间则是道光廿九年（1849）立。但石人石马都很古拙，有点奇怪！

28号同友人至县署访“六一堂”旧址。欧阳修的父亲在绵阳做过推官，欧阳修即生于此，但是我们很失望，一点遗迹都没有，逢巧县署里有一位叫“刘义堂”的科长，以为我们是找人，出来了。而“六一堂”则渺然。又到了专员公署，其中却有一个“求生堂”的匾，倒是纪念欧阳修的父亲的。那么，说不定“六一堂”就在不远呢。

次日是3月1号，我离开了家。我原不让我母亲送我的，但她在快开车的时候终于赶来了。她望着我，说我又瘦了！眼圈一红，她的泪流下来，我赶快叫弟弟扶着她回去。可是我却喊了四五次，才喊出声来。我于是也在啜泣中，又离开了家。

1943年4月6日